IMAGINAÇÃO, DESEJO E EROTISMO

IMAGINAÇÃO, DESEJO E EROTISMO

Ensaios sobre sexualidade

2022

Susana de Castro

70

IMAGINAÇÃO, DESEJO E EROTISMO
ENSAIOS SOBRE SEXUALIDADE

AUTORA: Susana de Castro

DIRETOR DA ALMEDINA BRASIL: Rodrigo Mentz
EDITOR DE CIÊNCIAS SOCIAIS E HUMANAS E LITERATURA: Marco Pace
ASSISTENTES EDITORIAIS: Isabela Leite e Larissa Nogueira
ESTAGIÁRIA DE PRODUÇÃO: Laura Roberti

REVISÃO: Roberto Fideli, André P. de Souza e Gabriela Leite.
DIAGRAMAÇÃO: Almedina
DESIGN DE CAPA: Roberta Bassanetto
IMAGEM DE CAPA: Alexander Krivitskiy, do banco de imagens Unsplash

ISBN: 9788562938757
Julho, 2022.

Dados Internacionais de Catalogação na Publicação (CIP)
(Câmara Brasileira do Livro, SP, Brasil)

Castro, Susana de
Imaginação, desejo e erotismo : ensaios sobre sexualidade / Susana de Castro. -- São Paulo, SP : Edições 70, 2022.

Bibliografia.
ISBN 978-85-62938-75-7

1. Desejo (Filosofia) 2. Erotismo 3. Ética
4. Filosofia 5. Imaginação (Filosofia)
6. Sexualidade - Filosofia I. Título.

22-108551 CDD-102

Índices para catálogo sistemático:

1. Filosofia : Ensaios 102

Eliete Marques da Silva - Bibliotecária - CRB-8/9380

Este livro segue as regras do novo Acordo Ortográfico da Língua Portuguesa (1990).

EDITORA: Almedina Brasil
Rua José Maria Lisboa, 860, Conj.131 e 132, Jardim Paulista | 01423-001 São Paulo | Brasil
www.almedina.com.br

O mundo íntimo opõe-se ao *real*, como a desmedida à medida, a loucura à razão, a embriaguez à lucidez.

Insisto em um dado fundamental: a separação dos seres é limitada à ordem real. Somente se permaneço na ordem das *coisas*, a separação é real. Ela é com efeito *real*, mas o que é real é *exterior*. "Todos os homens, intimamente, são apenas um".

Georges Bataille, *A parte maldita*

O verdadeiro motor do capitalismo atual é o controle farmacopornográfico da subjetividade.

Paul B. Preciado, *Testo Junkie*

SUMÁRIO

INTRODUÇÃO

O erotismo é uma prática exclusiva dos seres humanos. Ele possbilita desvincular o gozo erótico da finalidade de reprodução da espécie. Essa prática não se dá apenas no campo dos encontros eróticos reais, mas também, e principalmente, por meio da fantasia e da imaginação. É impossível abordar esse assunto pelo ponto de vista filosófico sem partir da obra magna sobre o assunto, *O Erotismo*, de Georges Bataille. Nessa obra, o autor francês afirma que não precisamos buscar a morte para experimentar a unidade do ser. Para ele, a vivência da experiência erótica nos possibilita experienciar a unidade entre o nascimento, a morte e a violência natural que as organiza. A experiência erótica, de acordo com Bataille, se dá por meio da transgressão do interdito, ou seja, experimentar o que é proibido. Se, por um lado, os participantes sabem que estão ultrapassando o limiar entre o permitido e o proibido, por outro, é importante que reconheçam a existência desse interdito.

Se para Georges Bataille (2013, 2013a) o erotismo é uma experiência de reencontro do ser humano com sua parte animal, para Paul B. Preciado, por outro lado, no regime farmacopornográfico do capitalismo tardio a natureza não é mais uma ordem que legitima a sujeição de alguns corpos a outros (2010, 2014, 2018).

É em prol da transgressão do interdito, e a fim de superar a concretude do ato, que a imaginação erótica apresenta-se como importante ferramenta. Ela é a fonte da criação de inúmeros escritores e poetas. As críticas literárias Eliane Robert Moraes e Susan Sontag baseiam-se em Bataille para definir a literatura erótica e a pornográfica como aquela na qual a realidade e a moral não impõem limites, porém, ao mesmo tempo, convidam o leitor à reflexão. Por outro lado, a literatura ou o cinema voltados exclusivamente para a produção da excitação sexual também têm valor artístico, como mostra a escritora e cineasta Virginie Despentes.

Na primeira parte do livro, abordo, primeiro, as teses de Bataille acerca da importância da noção do interdito do sexo e da morte para a saída do homem do seu estado de união com a natureza. Em seguida, mostro como o conceito de travestilidade subverte o binarismo sexual e a dimensão dicotômica do gênero, e os substitui por uma noção de gênero transversal. Além disso, abordo a obra de Paul B. Preciado, *Pornotopia*, a fim de mostrar como o regime biopolítico disciplinar foi substituído no capitalismo tardio pelo modelo biopolítico da farmacopornografia como modo de construção e desconstrução de subjetividades. Preciado utiliza o conceito de inspiração foucaultiana, *pornotopia*, para mostrar a espacialização do poder, utilizando-se como modelo a criação do império da Playboy, voltado para o público masculino heterossexual.

O filósofo fundamental para pensar a relação entre a sociedade, sexualidade e subjetividade é Michel Foucault. Aplico no terceiro capítulo a teoria de Michel Foucault do biopoder para mostrar porque as distopias literárias de Aldous Huxley e Margaret Atwood têm como eixo central o controle da reprodução sexual.

Na segunda parte do livro, me volto para a relação entre o erotismo e a literatura através da noção de "imaginação pornográfica". Procuro responder à questão se há uma divisão entre literatura erótica e literatura pornográfica. Toda obra erótica deve provocar excitação erótica? Mostro como a transgressão é um conceito central da literatura pornográfica. Também abordo a questão da censura e o medo da imaginação que a literatura erótica provoca. A literatura erótica traz a transgressão como um conceito central. E consequentemente essa vertente literária choca-se com os limites morais e sociais, vendo-se constantemente interposta pela censura e o medo da imaginação que ela é capaz de gerar. Abordo a imaginação pornográfica a partir das obras de Susan Sontag, Georges Bataille e Eliane Robert Moraes.

A imaginação pornográfica está diretamente relacionada ao desejo erótico, e esse, por sua vez, depende da sua suspensão, ou seja, depende da impossibilidade da sua realização, criando assim a dinâmica paradoxal do desejo. Para discutir isso, recorro a mistura do doce e amargo presente na poesia lírica de Safo. No último capítulo do livro, abordo a dinâmica paradoxal do desejo a partir da análise da poesia lírica de Safo. O desejo erótico depende da sua suspenção, isto é, da impossibilidade da sua realização, por isso, ele sempre tem uma mistura de doce e amargo.

Meu interesse pelo tema do erotismo e de seus temas conexos, fantasia e imaginação, surgiu em 2015, a partir de um curso sobre a filosofia da natureza de Georges Bataille que ministrei no curso de pós-graduação da UFRJ com Príscila Teixeira de

Carvalho, no qual discutimos os livros *A parte maldita*, em especial a primeira parte desse livro, *A noção de dispêndio*, e *O erotismo*. Fui, então, ao longo desses sete anos, me aproximando da temática com leitura de outros autores, tais como Paul Beatriz Preciado, Susan Sontag, Eliane Robert de Moraes, entre outros, e apresentando trabalhos em encontros de filosofia. Os escritos que aqui se encontram foram enriquecidos pelas discussões das mesas nas quais participei, cabendo a mim, entretanto, a responsabilidade por todos os erros e falhas.

1ª PARTE

Erotismo, Travestismo e Farmacopornografia

1. EROTISMO E TRANSGRESSÃO EM GEORGES BATAILLE*

O homem é uma corda estendida entre o animal e o super-homem.

Nietzsche, *Assim Falou Zaratustra*

Fluidos corporais

No diálogo central do filme *Dr. Strangelove* (1964), de Stanley Kubrick, o general que ordenou um ataque nuclear à União Soviética explica ao atônito oficial, interpretado pelo ator Peter Sellers, como descobriu a conspiração comunista. Segundo o general, os comunistas não bebiam água, somente vodca, pois haviam envenenado com flúor a água potável de modo a tornar impuros os "fluidos corporais" dos norte-americanos. Ao ser perguntado como havia feito tal descoberta,

* Uma versão deste capítulo foi publicada sob o título "Introdução à metafísica de Georges Bataille" na Revista eletrônica de filosofia *Perspectivas filosóficas*. Vol. 41, n.1, 2014.

ele retruca que havia sido durante um ato de amor. Para ele, a profunda sensação de fadiga e de vazio pós-coito era um sinal de que algo de errado estava acontecendo com ele, que a perda de fluido estava levando à perda de sua "essência". Essa constatação é evidentemente absurda. O filme denunciava a loucura da paranoia anticomunista da Guerra Fria. Contudo, tal hipótese de esvaziamento da "essência" reflete a tese de que parte da energia criadora do ser humano se perderia no ato sexual, por isso o ser humano precisou limitar a atividade sexual para poder canalizar sua energia para atividades mais produtivas.

Para Georges Bataille, a essência do ser humano está em sua capacidade de dizer "não" aos impulsos aniquiladores e violentos da natureza. Negar os impulsos de violência próprios à ação da natureza sobre os seres humanos, impulsos que nos fazem agir de modo a atingir satisfação imediata - à custa de dispêndio sem limite da energia vital -, não significa, porém, sua eliminação completa.

De acordo com a narrativa oferecida por Bataille, o ser humano disse "não" para a ação destrutiva da natureza por meio da invenção do trabalho. É o fato de ele trabalhar que o distingue de todo o resto. Por meio da organização coletiva do trabalho, o ser humano foi obrigado a domesticar seus impulsos sexuais dispendiosos e destrutivos, pois, do contrário, não seria capaz de planejar e executar tarefas mais complexas.

O animal e o humano

Apenas 2% de diferença entre o código genético do ser humano e do chimpanzé são suficientes para serem responsáveis por grandes diferenças de capacidades. Mas quando, como e por que o ser humano se distanciou da natureza e dos animais? Há muitas hipóteses. Para a antropologia, a passagem da animalidade para a humanidade equivale à passagem da natureza para a cultura. Segundo Lévi-Strauss (2010), o acontecimento fundamental para a passagem da natureza para a cultura foi a "invenção" do tabu do incesto. A partir de então, as filhas e as mães não poderiam mais ser objeto do interesse sexual do irmão e do pai, algo que, do ponto de vista dos animais, seria relativamente comum. Elas passaram, no entanto, a ser objetos de troca, ou seja, eram oferecidas a membros de outras famílias como esposas e, em troca, seus irmãos recebiam as mulheres de outras famílias. O interdito do incesto teve como consequência a fixação das relações de parentesco (do lugar simbólico do pai, da mãe, do filho e da filha na família patriarcal) e o estabelecimento das relações de troca nas comunidades humanas primitivas.

Para a psicanálise, nossa estrutura psíquica e a nossa vida emocional são os elementos fundamentais que nos diferenciam das outras espécies. Segundo Freud (2010), na fase inicial de nosso desenvolvimento emocional, direcionamos a libido, ou o amor, para nosso próprio ego. Depois, conforme nos desenvolvemos, dirigimos esse ímpeto para objetos externos: pessoas, coisas, natureza, arte. A beleza, a perfeição e a importância das coisas, pessoas, eventos, estados não estão, para Freud, nelas mesmas, e sim em nós. O amor e a libido que depositamos nas coisas, pessoas e objetos é o que confere valor a elas. Se amanhã ou depois uma catástrofe natural ou geológica varrer a espécie humana da face da terra, as coisas naturais perderão sua relevância e significado, pois não haverá um ser humano vivo para apreciá-las. Gostos e preferências estéticas, porém, não são idiossincráticos, ou seja, relativos, tampouco são atemporais ou absolutos, mas sim cultural e historicamente construídos. No futuro, pode ser que surja uma geração que não aprecie as obras de arte que hoje achamos belas, diz Freud.

Para a filosofia, a questão da passagem da animalidade para a humanidade deve ser tratada em sua totalidade. Ao contrário de ciências como a antropologia e a psicanálise, que explicam o fenômeno "humanidade" a partir de um fato isolado, sejam as relações de parentesco, seja a excepcionalidade da vida emocional humana, a filosofia busca entender o fenômeno em sua totalidade. Assim, para Georges Bataille (1992; 2010), não podemos separar a animalidade da humanidade. As duas estão dialeticamente imbricadas. Valendo-se de elementos da antropologia, da psicanálise e da sociologia, Bataille mostra tanto a relevância do estabelecimento de interditos, quanto a relevância da transgressão do interdito para a constituição da humanidade. A natureza para Bataille é o lugar do excesso e da prodigalidade, não da economia, do cálculo e da utilidade. O animal busca a satisfação imediata de suas necessidades, ainda que isso signifique o uso da violência. Se, por um lado, seu imediatismo o priva da capacidade de planejamento e controle, por outro, não há motivo pelo qual devemos crer que o descontrole, a desmesura e a violência possam ser completamente eliminados da vida humana.

Filósofos como Friedrich Nietzsche e Georges Bataille enxergam a natureza de uma maneira não idealizada, como uma série de acontecimentos não ordenados. Discordam da visão de que todo o movimento na natureza teria uma lógica intrínseca, ou seja, uma lógica na qual tudo dentro dessa ordem, exceto eventuais acidentes de percurso, tenderia à perfeição. Essa era a posição defendida por Aristóteles e perpetuada até os dias atuais por meio do olhar, por exemplo, que a biologia tem acerca da natureza e do "natural". Para Nietzsche e Bataille, entretanto, a natureza não tende à perfeição, visto que ela é primordialmente violenta. O que a caracteriza é o excesso, o gasto, o dispêndio de energia, o aniquilamento dos seres, enfim, a violência. Ambos os filósofos conferem às paixões humanas e à sua relação com os impulsos animais no homem um papel fundamental para a vida.

O interdito

Os excessos e os extremos sempre exerceram fascínio, mas foram controlados por meio da criação dos interditos. A criação dos interditos possibilitou ao ser humano construir uma civilização organizada sob o signo do trabalho coletivo. Para Bataille (2013a), todos os interditos estão relacionados ao sexo e à morte.

Por um lado, a angústia da morte, o reconhecimento da inexorabilidade da finitude humana, levaria o indivíduo ao desespero, não fosse a presença de interditos que promovem a organização da morte, tais como o sepultamento e a proibição do assassinato. A relação do ser humano com a morte é complexa. No mundo do trabalho, que é o mundo da duração e da individualidade, a morte é um tabu, mas ela ecoa no fascínio pelo estado primeiro da humanidade, o animal, quando não havia duração, apenas o momento, e cada situação, inclusive a morte, era vivida sem emprego de estratégias de redução de dispêndio de energia. Por outro lado, a natureza, naturalmente dispendiosa, criou no ser humano o instinto sexual que o faz buscar a *união erótica*. O nível de energia dispendida na relação sexual é controlado pelos interditos sexuais, tais como o incesto, o ocultamento das partes íntimas, a realização privada do ato sexual, a união monogâmica, o tabu do sangue menstrual, entre outros.

No fundo, tanto os grupos de interditos que dizem respeito à morte, quanto aqueles que dizem respeito ao sexo, estão relacionados. E é possível notar a força dos interditos na mente humana ao observarmos o impacto psicológico que a fala ou a imagem relacionada ao sexo e à morte provocam. Ambos os casos provocam náuseas, nojo, terror e, ao mesmo tempo, fascínio e atração. Os indivíduos educados sob critérios morais rígidos, segundo os quais o prazer sexual seria obsceno, sentem nojo quando expostos a imagens eróticas não convencionais, nas quais as posições sexuais inusitadas e o prazer intenso estão representados. Por outro lado, é comum a todo ser humano sentir náuseas e nojo diante de corpos despedaçados ou em estado de putrefação. Não aceitar com naturalidade certos fatos da vida biológica faz parte da essência humana e é a forma pela qual o ser humano conseguiu deter o poder violento e paralisante da natureza sobre ele.

Apesar disso, lado a lado com o nojo há também a atração. Se, por um lado, para Bataille, os seguidores de Nietzsche estão equivocados ao proporem um retorno idílico à natureza violenta do ser humano, por outro, os moralistas também se equivocam ao crer na possibilidade de eliminação completa da violência por meio dos interditos. Não podemos retornar pura e simplesmente à natureza como se a criação do mundo do trabalho não fosse algo que fizesse parte da nossa essência, mas tampouco podemos deixar de ter consciência da violência que nos atravessa, no nascimento e na morte. Essa violência nos atrai, nos puxa, pois ela é a promessa do "uno-primordial", de que fala Nietzsche (2007), ou da "continuidade do ser", nas palavras de Bataille (2013).

Contínuo *versus* separado

No início da vida na terra havia a continuidade do ser. Animais não se distinguiam de outros animais e do ambiente. A continuidade de tudo formava uma unidade. A essência dessa unidade de todos os seres estava na espontaneidade e gratuidade. A existência comunitária baseava-se na ação e reação. Não havia consciência, portanto, não havia duração. A existência estava, por isso, concentrada no momento, na imanência, no imediato.

Antes da invenção do trabalho, o ser humano primitivo vivia nesse universo de relações pautadas pelo imediatismo, pela gratuidade. Não havia consciência clara e separada (que depende da noção da separação entre sujeito e objeto) e tão pouco havia a noção de duração, planejamento ou economia. Como só havia o tempo presente, todos os seres interagiam de modo livre, sem poupar energia. Não havia a noção de que poupar energia era importante. O dispêndio de energia vital era total.

A consciência clara e a razão surgem quando o ser humano se distingue da natureza e passa a tratar os objetos e animais ao redor como o "não-eu". Essa situação ocorre, segundo Bataille (2013a), quando o ser humano primitivo cria ferramentas para a utilidade prática, laboral, e passa a olhar os objetos externos e os animais como meios de produção*. Nesse instante, a consciência do ser humano primitivo se separa da continuidade do ser e objetifica o mundo. Assim como nos damos conta da existência de objetos externos à mente a partir da

---

* Em uma cena do filme de Stanley Kubrick, *2001 - uma odisseia no espaço* (1968), assistimos a um exemplo dessa transformação da percepção quando o macaco humanoide descobre no pedaço de osso uma arma.

separação, também podemos observar a nós mesmos a partir do momento que há o *reconhecimento* dessa separação. Essa possibilidade de nos observar como a um objeto cria a consciência de si e a individualidade, algo impensável no mundo da continuidade do ser. Desse modo, nascem a subjetividade e a objetividade, ambas dialeticamente relacionadas. A partir daí, tudo muda. A fim de controlar o mundo exterior, o ser humano passa a ver os recursos naturais e os seres vivos como meios de produção. Foi a criação da ferramenta, diz Bataille (1992), que despertou o homem de seu sono animal. A ferramenta o fez ver que havia uma separação entre ele e os outros seres, entre ele e o mundo. Neste momento, o pensamento deixou de ser participativo, se é que podemos falar de existência de pensamento aqui, e passou a ser racional. Paulatinamente, o ser humano passou a controlar mais o dispêndio de energia vital e sexual a fim de se dedicar às atividades laborais e de organização social. A existência humana deixou de girar em torno do imediato e da busca das satisfações físicas.

Essa ruptura, apesar de benéfica para o desenvolvimento humano, não deixou de ser traumática. A nossa consciência de si traz consigo a sensação de separação e de solidão. Somos hoje indivíduos conscientes, capazes de planejar nossas ações, evitar confrontos, pensar no futuro, reduzir o desperdício de energia, mas também somos menos livres, mais solitários e mais temerosos. A invenção da ferramenta trouxe consigo a consciência e, ao sujeito, a noção de individualidade previamente desconhecida (BATAILLE, 1992). Vivíamos como seres que faziam parte de uma totalidade, a totalidade da continuidade do ser.

É inegável, diz Bataille, que avançamos muito ao darmos o salto que nos tirou do estado da animalidade, mas não podemos simplesmente apagar da nossa memória o estado original de contínuo, no qual participávamos junto com a natureza e os animais de uma totalidade indivisível. Essa duplicidade faz parte da condição humana. Precisamos reconhecer esse modo de existência, do qual carregamos marcas, para que possamos nos conhecer por completo. Carregamos conosco a nostalgia dessa fruição livre e imediata da vida.

A origem da religião

Para Bataille (1992), a origem das religiões está na nostalgia da existência "animal". As primeiras religiões sabiam que o sagrado se encontrava na unidade e continuidade de todos os seres e, por isso, promoviam festivais religiosos e sacrifícios. Estes rituais serviam para restituir, por um breve período, os animais sacrificados à sua condição de animais, já que viviam descaracterizados como seres que serviam às finalidades humanas (BATAILLE, 1992). Nesses festivais, buscava-se transcender a consciência e atingir um estado marcado pela ausência de individualidade. O evento durava pouco tempo. Afinal, não era interessante, nem mesmo aos religiosos, que os seres humanos permanecessem muito tempo nesse estado animal, sem limite, sem ordem, no qual a violência irrestrita colocasse em risco a estabilidade e a ordem das coisas na sociedade humana. Era preciso, portanto, que houvesse um tempo predefinido para duração do sacrifício e dos festivais, pois a ordem do real, da sociedade do trabalho, precisava ser restituída.

O que importa para a análise de Bataille é reconhecer dentro de nós uma outra humanidade mais próxima da animalidade. Esse estado próximo da animalidade é também um estado próximo da violência, do sexo e da destruição.

A partir do momento que entramos no mundo do trabalho e da consciência, começamos a agir de modo a nos diferenciarmos dos outros. Buscamos a colaboração dos outros na atividade laboral e introduzimos a linguagem e a comunicação como forma de lidar com possíveis conflitos. Tudo é muito calculado, planejado e pensado. A existência presente se vira para o futuro.

Esse mundo do trabalho é também o mundo da redução, diz Bataille. Redução da energia gasta em atividades improdutivas, como as relações sexuais, e investimento dessa energia em atividades úteis. Canalizamos, desde então, nossa energia, nossa força, para outras atividades, além da sexual.

A questão central é que hoje não podemos vivenciar o sacrifício nem os festivais religiosos panteístas*, mas podemos vivenciar a intimidade e a violência que caracterizavam o princípio da existência humana, o momento da continuidade do ser, por meio da atividade sexual. Essa intimidade que leva à eliminação dos limites de individualidade é pautada pelo gasto de energia sem outro objetivo a não ser a própria atividade. No paroxismo da relação sexual, a consciência fica obscura, e o obscurecimento da consciência é o momento da ausência de limites entre os seres que compartilham o momento de desnudamento e de união.

Para Bataille (1992), a essência da religião está na intimidade, leia-se união, perdida de todos os seres. O sentido de religiosidade ao qual ele se refere não tem nada a ver, portanto, com o sentido dado pelo cristianismo, de ligação do fiel com Deus. Trata-se, para ele, de uma experiência interior, de "sentimento do desconhecido". Experiência nascida no não saber,

* O carnaval, porém, guarda ainda resquícios dessas festas orgiásticas antigas. Cf. Castro, Susana, 2016.

e que nele permanece. Uma experiência que nada revela e que, por isso, não pode seja fundar uma crença, seja partir de uma crença (2016).

Civilização e barbárie

Trata-se de um equívoco afirmar que a diferença entre civilização e barbárie está no uso do diálogo no lugar da violência. Tanto o "outro", chamado de "bárbaro", usa a comunicação como mediadora de conflito, quanto o chamado "civilizado" é violento, como bem mostra a ocorrência relativamente frequente de linchamentos nos grandes centros urbanos (BATAILLE, 2013a). Mesmo reconhecendo nosso pertencimento à ordem do real e ao mundo do trabalho, precisamos ter consciência de que a redução do gasto de energia vital e sexual, seu uso calculado, a introdução da vida pautada na duração e no cálculo do tempo, levam a uma diminuição da experiência intensa, do pleno uso e dispêndio de força e energia, o que, por sua vez, levam ao enfraquecimento da vida. Essa só poderia ser restituída à sua plenitude, ainda que apenas em teoria, se vivenciássemos a "impossibilidade da duração" (BATAILLE, 1992).

O indivíduo do mundo do trabalho e do real não é soberano. Sua atividade de trabalho é extrínseca a si mesmo. Assim como o animal se torna coisa quando passa a servir ao interesse humano, o próprio ser humano se torna uma coisa na medida em que sua atividade não é feita em benefício próprio, mas serve a outro fim.

Percebe-se, diante da objetificação do indivíduo e de sua invisibilização, que o ser humano aos poucos foi deixando de experienciar a unidade do ser, ou seja, passa a perder contato com o animal constituinte de sua humanidade. Contudo, para

Bataille, não é preciso buscar a morte para experimentar a unidade do ser. Segundo ele, a vivência da base comum entre nascimento e morte, a violência natural que lhes dá origem desde a continuidade do ser dos entes na natureza, pode ser vivida por meio da experiência erótica. A fusão entre dois corpos, a união que dá início a uma nova vida é a experiência mais concreta da continuidade.

Penso que Bataille (1992, 2013a) aprofundou a intuição nietzschiana da relação entre a festa dionisíaca, a dança e o canto, o que é chamado, nas palavras de Nietzsche, de "evangelho da harmonia universal", ou seja, a fusão dos seres no uno-primordial. Sua estratégia argumentativa ampliou o foco para além das atividades artísticas dos festivais, como o canto e a dança, e abordou a experiência da continuidade do ser na reprodução e na relação entre o erotismo e a morte (BATAILLE, 1992).

Somos seres descontínuos, isto é, separados uns dos outros. Dentro de cada um de nós há um abismo imposto pelos limites e formas que nos constituem como seres separados. A consciência da separação é uma marca fundamental que nos distingue dos animais irracionais. Nascemos e morreremos sós. Não há como suprimir o abismo que nos separa uns dos outros:

> Somos seres descontínuos, indivíduos que morrem isoladamente numa aventura ininteligível, mas temos a nostalgia da continuidade perdida. Suportamos mal a situação que nos prende à individualidade fortuita, à individualidade perecível que somos. Ao mesmo tempo que temos o desejo angustiado da duração desse perecível, temos a obsessão de uma continuidade primeira, que nos religa geralmente ao ser (BATAILLE, 2013a, p. 39).

O sentimento da vertigem diante desse abismo disforme, a morte, nos atravessa. A morte é vertiginosa e fascinante. Ela tem o sentido de término da separação entre seres descontínuos. Para Bataille, há uma identidade entre a continuidade dos seres e a morte. A chave para viver essa experiência religiosa, interior, da continuidade dos seres, a experiência da morte sem a morte, está no erotismo.

Se, por um lado, o erotismo seria uma prática exclusiva dos seres humanos, que nos possibilitaria desvincular o gozo erótico da finalidade de reprodução da espécie, por outro, o sentido fundamental da reprodução é a chave do erotismo.

> O espermatozoide e o óvulo são, em seu estado elementar, seres descontínuos, mas se unem e, em consequência, uma continuidade se estabelece entre eles para formar um novo ser a partir da morte, da desaparição dos seres separados. O próprio ser é, ele próprio, descontínuo, mas traz em si a passagem à continuidade, a fusão, mortal para cada um deles, dos dois seres distintos (BATAILLE, 2013, p. 38).

A experiência da continuidade do ser na morte é inapreensível pelo pensamento, já que a consciência desaparece na morte, mas o ser humano pode ter a experiência do contínuo, da união com o ser, em vida, por meio de outras experiências. Uma delas é a fusão erótica. Na união sexual, é possível experimentar a dissolução da forma constitutiva do eu, experimentar o estado do desforme. Por alguns momentos, credenciais e projetos futuros são esquecidos na vertigem abissal que o orgasmo propicia. Essa experiência de esquecimento do eu, da ausência de descontinuidade, está ligada à experiência da violência e da morte, pois nela se reencena a dinâmica fundamental da reprodução, na qual a fusão dos elementos distintos, óvulo e espermatozoide, significa a destruição de ambos para o nascimento de um ser distinto, o embrião. A vertigem proporcionada pelo gozo reflete a aproximação entre o fim do ser descontínuo e a violência (destruição) que esse fim representa. A tensão entre atração (desejo, prazer) e repulsa (violência, destruição) é central para a experiência interna erótica da continuidade. Bataille caracteriza essa tensão como a *transgressão do interdito.*

Entende-se, portanto, que a *transgressão do interdito* é o componente central do erotismo. Se o interdito (a lei, a proibição, a regra, a ordem) não estivesse presente na cena do jogo erótico, esse se tornaria banal. Para Bataille, o erotismo não existiria sem o jogo de equilíbrio entre o interdito e a transgressão, condição de sua possibilidade. O interdito caracteriza-se pela oposição ao "retorno à natureza". A transgressão do interdito, suspende-o sem, entretanto, suprimi-lo. Em outras palavras, a transgressão que supera o interdito ao mesmo tempo que dialeticamente o mantém é a mola propulsora do erotismo (BATAILLE, 2013a).

Vale reiterarmos que, de acordo com Bataille, começamos, enquanto seres humanos, a nos distinguir dos animais quando nos distanciamos da violência da busca da satisfação imediata dos desejos. A busca pela satisfação sem freios pode levar ao assassinato e ao crime.

O outro interdito central para a formação do ser descontínuo que somos foi o interdito relacionado ao corpo inanimado. Cedo, as primeiras comunidades humanas passaram a enterrar seus mortos. A visão da putrefação do corpo inanimado causava uma angústia insuportável. Essa angústia só foi aplacada a partir do momento em que o processo de putrefação foi ocultado e o corpo enterrado. Mas o desejo da duração e a angústia pela visão de que afinal não somos imortais não desapareceu completamente. Desejamos permanecer vivos e nos angustiamos com a perspectiva do nosso desaparecimento. Ao mesmo tempo, somos atraídos pela continuidade da existência vivenciada fortuitamente no momento da união dos seres descontínuos que nos geraram. Sentimos, ao longo da vida, a nostalgia por esse momento único. A continuidade dos seres promete uma paz duradoura, na qual não precisamos carregar nosso ego e sua aventura ininteligível. Queremos nos perder no mar do indiscernível, do contínuo, do uno. Mas só podemos ter a continuidade se abrirmos mão da descontinuidade, se aceitarmos o desaparecimento do nosso eu.

> Ainda que a atividade erótica seja antes de mais nada uma exuberância da vida, o objeto dessa busca psicológica, independente, como disse, da intenção de reprodução da vida, não é estranho à morte (Bataille, 2013a, p. 35).

Assim como no primeiro interdito, o da proibição do sexo promíscuo praticado fora do objetivo de reprodução, também o interdito da putrefação da carne, a lei do sepultamento, retorna na experiência do gozo erótico. A morte e a continuidade são banidas da vida por meio da força dos interditos, mas reaparecem na transgressão. A sacralidade do prazer erótico decorre da possibilidade de vivenciar internamente a experiência da tensão entre a angústia da finitude e a nostalgia da continuidade. De maneira geral, todo sentimento religioso baseia-se nessa duplicidade entre a angústia da finitude e a nostalgia da não-separação, da continuidade do ser. O cristianismo, porém, desvirtuou o sentido da sacralidade original ao separar a experiência religiosa da experiência da carne.

Para Bataille e Nietzsche, justamente por meio do corpo, que dança, canta, goza ou entra em transe orgiástico, atingimos a continuidade do ser, o uno-primordial. Ao se opor à carne e negar qualquer sentido legitimo à transgressão, a religiosidade cristã promoveu uma inversão de valores.

A economia solar do dispêndio

Bataille compartilha com Nietzsche da noção de que o ser humano está mais próximo da sua natureza animal do que defende a tradição filosófica ocidental, calcada na "fé" do aspecto não animal do ser humano advindo da razão. Foi essa mesma "fé" na razão que levou a humanidade a se distanciar cada vez mais de sua intimidade e unidade com a natureza. A religião, de maneira geral, busca restituir o ser humano a essa unidade e intimidade perdida com o todo da natureza. Mesmo uma religião ocidental, como o cristianismo, guarda essa dimensão de "restituir o ser humano à sua intimidade perdida" e assim aplacar a sua angústia com a morte e a falta de sentido da vida. Pode-se observar nela rastros de religiões mais antigas, pagãs, nas quais eram comuns rituais de sacrifício. O objetivo desses rituais, nos diz Bataille, era o de restituir à dimensão do *real*, na qual os animais são transformados em coisas, seu sentido primitivo, comum, não separado. Animais e seres humanos eram então sacrificados para com isso se retirar deles a dimensão mercadológica, separada, descontínua e utilitária, da produção e do trabalho, e restabelecer-lhes o sentido perdido de conexão com o todo, de continuidade. Por outro lado, Bataille entende que há uma dimensão religiosa no erótico, na medida em que propicia a possibilidade de comunicação de seres separados. A dimensão do real, da produção e da ação coloca os seres em suas cápsulas mentais separadas. Cada indivíduo separado é jogado na dimensão existencial do trabalho, do cálculo e da produção, transformando-se assim, também, em "coisa" separada do todo. A experiência da consumação no presente, sem planejamento para o futuro, é essencial como dimensão de retorno, ainda que fugidio, à intimidade perdida com o todo. A experiência erótica da união de corpos separados é uma dimensão vital da economia geral do dispêndio e da intimidade. Essa dimensão metafísica/ /religiosa do erótico, calcada nas noções de unidade, dispêndio e do impossível, foi totalmente obscurecida pelas perspectivas morais e econômicas do cristianismo e do capitalismo.

Fazendo coro com Friedrich Nietzsche e Henry Bergson, Georges Bataille nos mostra como o pensamento utilitário burguês e a moral cristã deixam de lado aspectos essenciais da existência humana ao enfatizarem a dimensão do trabalho, do planejamento e da acumulação, e deixarem de lado seus aspectos de luxo e dispêndio. Tal qual Bergson, interessava a Bataille investigar a metafísica da vida, e tal qual Nietzsche, lhe interessava a inversão dos valores cristãos. Bergson apontou para o equívoco de pensar o movente, o ser vivo em constante mudança e evolução, a partir de categorias de pensamento criadas para pensar o imóvel, os objetos inanimados, Bataille (2013) apontou para a importância decisiva da energia solar no desenvolvimento do aspecto "exuberante" da vida na Terra. O sol é a fonte da vida na Terra. Ele irradia calor e energia de forma generosa, sem pedir contrapartida. Ele dispensa energia e riqueza sem esperar nada em troca. Enquanto a economia, no sentido ordinário, é entendida como a capacidade de gerar e acumular riqueza, a economia geral, no sentido metafísico proposto por Bataille, é o estudo da forma como o princípio solar de dispêndio de riqueza/energia se reproduz no mundo da vida. Hoje em dia, o "herói" da economia utilitarista é aquele que consegue produzir algo útil e ser recompensado por isso, antigamente, entretanto, o herói era o que gastava a sua "riqueza", sua força, em um campo de batalha. O núcleo do pensamento filosófico de Georges Bataille está na ideia de dispêndio de energia enquanto exuberância, distante de qualquer sentido acumulativo ou utilitário da troca econômica ordinária, de compra, venda e lucro. Enquanto o sol estiver irradiando a sua energia haverá vida na Terra, mas existe um espaço limite para a existência. Os seres não podem ser imortais e continuar se reproduzindo, pois não há espaço para todos. Por isso, um limite é imposto, a morte. O ser gasta a energia acumulada a partir da alimentação no processo de crescimento; passada a etapa de crescimento, a energia fica acumulada e precisa ser extravasada. Na história evolutiva, essa energia excedente foi utilizada pelo ser humano para construir a sociedade do trabalho, que permite o contínuo uso e engajamento da energia em algo de utilidade geral. A morte é, portanto, segundo a lógica do uso da energia excedente na produção, no trabalho, algo irracional e ilógico, porque improdutivo, mas na lógica do dispêndio, a morte é algo necessário, pois sem ela não haveria espaço para todos os seres no planeta. Tal qual os astecas sacrificavam, de forma dispendiosa, vidas humanas em honra ao deus Sol, também a humanidade sacrifica sua vida para que outras vidas surjam. Dentro da lógica dos astecas, a riqueza não deveria ser acumulada, mas sim generosamente gasta. Assim, os sacrifícios eram abundantes porque dessa forma se acreditava estar homenageando o deus mais importante de todos, o Sol.

2. FORMAÇÕES IDENTITÁRIAS NA ERA DO CAPITALISMO FARMACOPORNOGRÁFICO

Em *Pornotopia*, o crítico cultural e teórico *queer* Paul B. Preciado (2010) segue os passos de Michel Foucault na análise da sociedade disciplinar capitalista e seu modo de produção de subjetividades. Como Foucault (2011), Preciado não pretende situar-se em um lugar de julgador moral dos fenômenos sociais, mas, como ele mesma afirma, seu trabalho é o de dissecar os sistemas semióticos.

Normalmente, em torno da revista Playboy, só identificamos o tema da pornografia, mas Paul Preciado vê em torno da revista erótica também o sintoma de um processo de mudança da identidade masculina no capitalismo tardio, após a Segunda Guerra. Ao falar do processo de configuração de uma nova forma de identidade masculina através da pornografia da Playboy, Preciado está apontando também para uma mudança do paradigma moderno disciplinar austero, protestante, de formação de identidades no capitalismo do século XIX – analisado por Foucault (2011) no primeiro volume do *História da Sexualidade* –, para um regime pós-disciplinar, farmacológico e pornográfico do capitalismo tardio. Se, no primeiro, os regimes disciplinares controlavam a sexualidade isolando e vigiando os corpos de modo a impedir e punir o sexo não voltado para a reprodução, na segunda fase, tardia, o capitalismo percebe que pode explorar economicamente os corpos e seus prazeres. Ele tira proveito "do caráter politoxicômano e compulsivamente masturbatório da subjetividade moderna" (PRECIADO, 2010, p. 113).

Nessa nova fase do capitalismo, a privacidade não é mais separada do âmbito público e mercantil, ao contrário, é um nicho fabuloso a ser explorado economicamente. Preciado adota em sua análise a perspectiva de Foucault, segundo a qual há uma dimensão espacial do conhecimento e do poder. A criação de subjetividades não é um ato pessoal e íntimo, elas são cultivadas em um habitat. Primeiro vem o espaço, depois a subjetividade. O espaço é responsável por introduzir práticas capazes de produzir hábitos nos corpos e assim criar modelos de subjetividade.

Eximindo-se em emitir julgamento moral sobre as estratégias capitalistas da empresa Playboy, Preciado ressalta a importância do trabalho empresarial de Hugh Hefner, fundador e editor-chefe da publicação, por ter compreendido que na sociedade do hiperconsumo havia uma tendência tanto à compulsão quanto ao voyeurismo. Na publicação, as famosas *playmates* eram apresentadas reiteradamente, em série, para alimentar a compulsão masturbatória do homem heterossexual: vestidas de marinheira, vestidas de colegial, loura, ruiva, morena. Essa compulsão masturbatória, até então, não era algo dado, mas, sim, foi construída a partir da narrativa em torno de um tipo de masculinidade veiculada pela revista Playboy: heterossexual, libertino, não-monogâmico, lúdico, dono de uma mentalidade adolescente. Essa nova narrativa vem se contrapor à narrativa pós-guerra que desenhava um homem "natural" como o provedor da família, monogâmico, voltado exclusivamente para a esfera pública, uma vez que o espaço doméstico era exclusividade das mulheres.

Ao mesmo tempo em que se iniciou o movimento em direção da construção de uma nova abordagem da sexualidade, no qual a Playboy estava inserida, logo ao final da Segunda Guerra, a sociedade americana passou por uma campanha moralizadora, de perseguição aos costumes ditos "desviantes" da norma e pela tentativa de normatizar a sexualidade, buscando aprisioná-la dentro do âmbito exclusivo da família.

Apesar dessa campanha moralizadora, a primeira edição da revista Playboy, publicada em 1953, que trazia Marilyn Monroe na capa, vendeu 54.000 exemplares. Em seis anos, a revista atingiu 1 milhão de exemplares com a edição de 1959, que apresentava uma fotorreportagem da casa em Miami de um amigo recém-divorciado de Hefner. O editor-chefe, então, descobriu que havia um interesse voyeur do público leitor da revista, tanto em observar as playmates representadas realizando atividades ordinárias na sua vida íntima, quanto um interesse na decoração interior da casa dos solteiros e divorciados. De acordo com Preciado, Hefner, por meio da revista, possibilitou a ressignificação do espaço doméstico, antes exclusivo das mulheres.

A revista dedicava várias páginas de suas edições à arquitetura moderna. A casa pós-doméstica do *playboy* solteiro era concebida para favorecer a realização de encontros amorosos. Havia claramente um entendimento de que o macho queria gozar a vida e maximizar seu prazer através de uma multiplicidade de encontros amorosos. A questão, porém, não se reduzia às relações sexuais, mas envolvia todo um estilo de vida. A revista possuía, para o leitor, mais de uma utilidade:

a masturbatória e a consumidora de um estilo de vida, que envolvia arquitetura, música e *gadgets* (máquinas e acessórios de todos os tipos). O homem do capitalismo farmacopornográfico incorpora como marca identitária tanto a domesticidade quanto o consumo, antes tidos como exclusividades femininas. Neste novo cenário pós-doméstico, o consumo é direcionado para a tecnologia e o prazer dos homens. Foi necessário, portanto, remodelar o ambiente doméstico de acordo com os novos padrões de masculinidade que estavam sendo construídos. Dessa forma, apartamento do *playboy* é desenhado como um ambiente espaçoso, com poucas divisórias e cheio de *gadgets*. No âmbito feminino, o ideal de mulher moderna para a mídia e a tecnologia era o da dona de casa que consumia "máquina de lava roupas", "máquina de lavar pratos", "aspirador de pó", entre outros supostos facilitadores do trabalho doméstico.

A divisão que marca a desigualdade de poder entre os sexos é representada por essa separação entre a esfera pública e a privada. Para retomar o ambiente doméstico sem cair no estigma da feminilidade, o *playboy* precisou, em primeiro lugar, investir em aparelhos tecnológicos que otimizassem o trabalho doméstico, assim como não poderia deixar que nele se instalasse alguma mulher com intenção casamenteira. Hefner, com isso, criou um modelo de subjetividade masculina marcado mais pelo estilo de vida e menos por atitudes e caráter.

A revista Playboy, entretanto, não ajudou apenas a criar um novo homem, mas também ajudou a "criar" uma nova mulher, a *girl next door*. Ela representava mulheres que estavam próximas do galanteador, como secretárias, vizinhas e balconistas, e que tinham uma vida sexual ativa. Elas compartilhavam a visão do *playboy* de que casamento monogâmico não estava com nada, o melhor era o sexo sem compromisso, com o maior número de parceiros.

Interessado na liberação sexual do homem heterossexual, Hefner quis promover a liberação sexual das mulheres também. Mas evidente que essa promoção estava calcada na exploração da mais-valia das modelos. Hefner lucrava com as coelhinhas muito mais do que lhes pagava.

Junto com a ressignificação da subjetividade masculina, feminina e do ambiente pós-doméstico, Hefner, por meio da Playboy, criou também um espaço multimídia, a Mansão Playboy. Espaço ocupado por câmeras de vigilância que registravam toda a movimentação das coelhinhas e dos visitantes. A casa era espaço doméstico e espaço público de trabalho, pois servia de escritório central e como estúdio de televisão. Hefner estava, dessa forma, diz Preciado, sendo o ponta-de-lança da sociedade pós-disciplinar do final do século XX.

Essa tendência de tornar público o espaço privado se intensificou com o passar dos anos e está hoje em seu ápice. Com a facilidade de exposição da vida privada através das ferramentas das redes sociais da internet, são poucos os indivíduos que preferem manter sua vida privada intacta, livre da curiosidade alheia. Normalmente, o espaço das formações identitárias é o espaço público, da cultura e da política, mas na contemporaneidade, o privado-publicizado torna-se o espaço de construção de múltiplas narrativas identitárias. A Playboy marca o início dessa mudança.

Para estimular a liberdade sexual e domestificação do homem solteiro ou do *playboy*, Hefner precisou garantir a este que sua heterossexualidade não seria questionada. Sabia que essa libertação sexual era um filão de ouro a ser explorado economicamente. O capitalismo farmacopornográfico viria para aprovar a construção de novas formas de formação identitárias através da libertação sexual na esfera privada, pois entendeu que elas seriam criadas a partir de nichos de estilo de vida e de consumo ("labelização da vida"). O capitalismo farmacopornográfico captura o desejo principalmente por meio do estímulo audiovisual. A revista e os programas televisivos da Mansão Playboy funcionavam, diz Preciado (2010) apropriando-se de um conceito de Foucault (*Le Corps utopique, Les hétérotopies*), como "espelho invertido": projetavam no espaço ultradoméstico (com mamãe na cozinha fazendo a janta e papai na sala lendo jornal) do espectador o interesse pelo espaço pós-doméstico da mansão (com inúmeras e belas mulheres à disposição do consumidor). A Playboy ocupava o espaço virtual e imaginário do desejo do homem heterossexual, que dessa forma saia temporariamente de seu universo social segregado, doméstico e disciplinar.

Dessa forma,

> o complexo midiático que se criava em torno da Mansão Playboy funcionava como uma pornotopia, isto é, uma heterotopia própria do capitalismo tardio das sociedades de hiperconsumo da guerra fria (PRECIADO, 2010, p. 117).

Heterotopia é um conceito cunhado por Foucault para descrever o "espaço outro", isto é, os lugares que abrigavam em si contradições. A Mansão Playboy é um espaço heterotópico pornóptico na medida em que abriga dentro de si diversos elementos aparentemente excludentes, tais como espaço doméstico, espetacularização do prazer, tecnologia audiovisual e bioquímica. A mansão era um bordel moderno onde não se praticava sexo direto, mas apenas o sexo virtual e *voyeur*. O aspecto farmacopeico dessa fase do capitalismo está associado à produção e comercialização de fármacos como a pílula anticoncepcional e os remédios euforizantes, como dexedrina e benzedrina. Hefner foi um consumidor assíduo das anfetaminas que lhe permitiam ficar dias sem dormir.

No século XXI, a tendência do consumo de pornografia sofreu uma pequena reviravolta. Vivemos a era do sexo virtual, da pornografia via internet. A Playboy acabou, seu dono morreu em 2017. Hefner antecipou a era do prazer puramente virtual, na medida em que através de sua revista e programa de TV trazia para dentro da casa da família o sonho e a fantasia erótica do chefe de família heterossexual. Para Preciado, o olhar *voyeur* da revista é *estruturalmente* masculino, isto é, não necessariamente a pessoa que está por trás da câmera teria que ser um homem. Suze Randall foi a fotógrafa mais renomada da revista. Como analista de um sistema semiótico de produção de subjetividade, Preciado não está interessado em emitir um julgamento de valor. Reconhece tanto a humilhante situação das mulheres servidas como objetos para os olhares lascivos de seus consumidores, quanto também reconhece o papel de Hefner em estimular a saída das mulheres do ambiente doméstico e familiar. Homens e mulheres estavam igualmente presos a esse ambiente normativo e opressor da família dos subúrbios americanos, com seus códigos de comportamento de gênero pré-definidos: quem faz o churrasco, quem põe o lixo nas ruas, e quem faz a salada e leva os filhos para suas atividades escolares e extraescolares.

A crítica ao binarismo sexual e de gênero é um dos temas centrais dos livros anteriores de Preciado. Em *O Manifesto contrassexual* (2000/ edição brasileira 2014), aborda a tese do fim da natureza como ordem que legitima a sujeição de certos corpos a outros, e em *Testo Junkie* (2008/ edição brasileira 2018) elabora pela primeira vez a tese da farmacopornografia do capitalismo tardio, pós-disciplinário. Autointitulando-se "pirata de gênero", narra sua experiência com o uso de testosterona em gel sem ter passado por um protocolo psiquiátrico. Tal protocolo autorizaria o uso de hormônios masculinos ou femininos a partir de um diagnóstico, "disforia de gênero". Preciado chama sua pirataria de gênero de um "experimento político". Durante os 236 dias do experimento, investigou os processos de construção e desconstrução da subjetividade no regime farmacopornográfico.

3. TRAVESTISMO COMO FORMA DE SUBVERSÃO DO BINARISMO*

No, hoje clássico, *Pensando o sexo: notas para uma teoria radical da sexualidade* (1984/ edição brasileira 2017), a antropóloga norte-americana Gayle Rubin constata que nas nossas sociedades há uma escala hierárquica entre as práticas sexuais baseada nos padrões de sexo e gênero instituídos. No topo dessa "pirâmide erótica" estariam os casais heterossexuais casados, abaixo deles, os casais heterossexuais monogâmicos não casados, seguidos pelos heterossexuais solteiros, mas de vida sexual ativa. Mais abaixo viria o sexo solitário, que se situaria acima dos casais estáveis de lésbicas e de gays. Abaixo dos casais homossexuais viriam as lésbicas e os gays promíscuos e abaixo destes, as categorias sexuais mais desprezadas, os/as transexuais, as travestis, os/as fetichistas, os/as sadomasoquistas, os/as profissionais dos sexos. A última categoria da pirâmide, a mais baixa, seria constituída pelos pedófilos. Nota-se que os bissexuais não são mencionados. Uma forma de explicar essa ausência é supor

* Uma versão deste texto foi apresentada no 1º Seminário Desfazendo Gênero: Subjetividade, Cidadania e Transfeminismo. Natal, 2013.

que ela é sintomática da dificuldade de adotarmos um vocabulário que saia de um binarismo conceitual; parece que não pode haver meio-termo entre o feminino e o masculino ou entre o heterossexual e o homossexual. Mas será que a bissexualidade escapa realmente do binarismo?

Para Marjorie Garber (1997), as minorias sexuais parecem ter dificuldade em aceitar a existência da sexualidade bissexual. Voltadas para uma política de identidade, de luta por direitos e reconhecimento, concluem que o bissexual é alguém que não assume a sua homossexualidade porque não quer renunciar à proteção social que as instituições reservam aos heterossexuais. Mas será que é bem menos prejudicial à autoimagem de uma pessoa se apresentar publicamente como bissexual do que como homossexual? É evidente que dada a força hegemônica da heteronormatividade na nossa cultura, pessoas que destoam da norma causam pânico e angústia generalizados. Mas como a classificação hierárquica apresentada acima mostra, a heteronormatividade é uma instituição que está associada em primeiro lugar ao casamento e a monogamia. Quanto mais o indivíduo se distanciar desse binômio, mais excluído será. Ao anunciar a sua bissexualidade o indivíduo corre o risco de ser tachado de promíscuo.

> Pessoas hétero podem estereotipar os bissexuais como homens enrustidos que enganam as esposas com uma série de parceiros sexuais, escolhidos ao acaso, espalhando AIDS numa população heterossexual "inocente", inclusive crianças ainda não nascidas (GARBER, 1997, p. 20).

Para Garber, a questão que a bissexualidade coloca não é a da existência de mais um tipo de orientação sexual, ao lado de todas as categorias existentes – por isso nem seria tão problemática a sua ausência na "pirâmide erótica" –, mas sim a possibilidade da existência de "uma sexualidade que desfaz a orientação sexual como categoria" (GARBER, 1997, p. 73). Se passássemos a considerar a natureza da sexualidade como fluída, não fixa, então talvez deixássemos de nos preocupar se um indivíduo é realmente gay ou realmente hétero, e admitiríamos que a identidade sexual não é fixa, mas sim algo como uma narrativa sobre si que muda com o tempo.

O que Garber parece não perceber aqui é a dependência que a formulação do próprio termo bissexual possui com o modelo de categorização sexual. Há uma contradição clara entre chamar de fluída, não fixa uma prática sexual que está pautada no binarismo macho-fêmea, homem-mulher, heterosexual-homossexual. Ao afirmar que seu desejo sexual pode se voltar hora para alguém de seu sexo e outra para alguém do sexo oposto, o bissexual continua "explicando" o seu desejo ou sua prática sexual a partir do binarismo.

A identidade sexual em sociedades ocidentais como a nossa, herdeiras das transformações sociais e políticas da modernidade, é organizada por um "operador lógico", o sistema binário sexual. Tanto a chamada maioria quanto as minorias são definidas a partir de alternativas em dois polos que dizem respeito ao sexo (ser macho ou fêmea no sentido biológico, a partir dos órgãos genitais), ao gênero (agir como homem ou mulher, ou seja, seguir linhas de conduta socialmente aprovadas para um ou outro) e à opção sexual (ter um desejo heterossexual, voltado para pessoas de sexo oposto, ou homossexual, voltado para pessoas do nosso sexo).

Lorenzo Bernini (2011), mostra em seu artigo "Macho e fêmea Deus os criou!? A sabotagem transmodernista do sistema binário" como esse sistema binário sexual não é moralmente neutro, ele privilegia, ainda que sublinearmente, o homem heterossexual monogâmico. Os homens heterossexuais são na realidade os que possuem o *status* de identidade majoritária. As outras sexualidades resultantes da composição desses termos recebem o *status* de minorias morais. Se fôssemos recompor a tabela erótica citada acima a partir dessa lógica binária do sistema sexual heterossexual masculinista, chegaríamos a uma hierarquia diferente da apresentada por Gayle. Na hierarquia de Bernini, no topo figurariam os homens heterossexuais, abaixo "destes", os homens gays ou bissexuais, em seguida, viriam as mulheres heterossexuais, lésbicas ou bissexuais, depois, transexuais heterossexuais, lésbicas ou bissexuais, abaixo destes, homens transexuais heterossexuais, gays ou bissexuais, e, por último, estariam as pessoas travestis que desejam homens ou/e mulheres ou/e travestis.

Como vemos acima, aqueles que possuem o maior potencial transformador ou desestabilizador da lógica binária dessa lista não são os bissexuais, como afirma Garber, mas os que estão na base da hierarquia, os que detêm o menor *status* moral, as travestis. Notem que seguindo a hierarquia apresentada por Bernini, as mulheres transexuais estão hierarquicamente acima dos homens transexuais. Esse é um sinal claro de que mesmo entre as minorias o critério de classificação de seu *status* moral é dado pelo sexo masculino.

A lógica binária está tão entranhada na linguagem e no pensamento ocidentais que não conseguimos representar a sexualidade sem utilizá-la:

> Podemos facilmente conceber um corpo que contém características masculinas e femininas, uma conduta que prevê comportamentos de homem e de mulher, um desejo sexual voltado para homens e mulheres, mas é menos fácil conseguir imaginar um ser humano sexuado desejante nem macho nem fêmea, nem homem nem mulher, nem heterossexual nem homossexual (BERNINI, 2011, p. 21).

Temos enorme dificuldade de elaborar uma saída do molde de pensamento racionalista binário moderno. Há toda uma leva de pensadores contemporâneos classificados como pós-modernistas que buscam saídas, mas como o próprio termo *pós*-modernistas indica, supõem que essa superação do vocabulário e da epistemologia modernas seja um ato linear de sucessão. Os dois principais denunciadores das armadilhas identitárias da categorização da sexualidade e do gênero são Michel Foucault e Judith Butler, mas nem um nem outro acha possível pensarmos em uma forma de discursividade que não leve em consideração essa configuração do sujeito inaugurada pela modernidade. Denunciar os arranjos e dispositivos de poder entranhados nas chamadas hermenêuticas do sujeito não significa apontar seja para um estado original, primário, natural (por exemplo um polimorfismo pervertido ou uma bissexualidade original, como afirmava Marcuse), seja para um futuro mais igualitário onde prevalecerá a confusão dos gêneros. O debate e discussão acerca da violência simbólica e física perpetrada em nome de uma configuração identitária amarrada ao binarismo devem ser feitos, segundo esses dois autores, seja através de um jogo entre as identidades de Gênero e de Sexo que mantenha a ambiguidade (a ideia de um Gênero performativo de Butler), seja na livre utilização do próprio corpo na procura de prazeres artificiais, portanto nem verdadeiros nem falsos: "contra o dispositivo da sexualidade, o ponto de apoio do contra-ataque não deve ser o sexo-desejo, e sim devem ser os corpos e os prazeres." (FOUCAULT, 2011). Está claro que esses dois pensadores querem subverter a ordem do sistema binário, mas suas estratégias de ataque não se dão através da negação pura e simples do vocabulário moderno das identidades, afinal ele tem uma função política importante. É preciso subverter esse vocabulário fazendo uso dele, aproveitando o que ele tem de positivo como articulador de discursos reivindicatórios e ao mesmo tempo denunciar as estratégias binaristas ocultas cada vez que ele é utilizado, como conformação estática de desejos, sexo ou gênero.

Levando em consideração tudo isso, penso com Bernini que seria mais adequado intitularmos os trabalhos de Foucault e Butler de transmodernistas, entendendo o prefixo trans não como algo que está para além de algo, mas como um estado daquilo que está entre duas coisas: entre sexos, entre gêneros. Vejamos agora de forma resumida em que medida Foucault e Butler sinalizariam para a travestismo como a modalidade de sexo e gênero sexuais com o maior potencial subversivo dentro do discurso a favor das minorias, isto é, com maior potencial de abalar o binarismo e a *matrix* heteronormativa.

Para Foucault, a própria sexualidade é um dispositivo de saber-poder, isto é, um mecanismo complexo de regras, leis, convenções religiosas, morais, linguísticas e científicas que quando aplicadas ao indivíduo condicionam o seu relacionamento com os outros e consigo mesmo. Esse condicionamento era algo alheio às épocas pré-modernas. Na Idade Média, por exemplo, a sodomia apontava para uma tipologia de comportamento proibido, não uma identidade. Somente no século XIX a personagem do homossexual aparece e seu aparecimento é concomitante ao surgimento do discurso psiquiátrico, médico, jurídico (os chamados "saber-poder", que legitimam a verdade do seu discurso a partir do recurso à ficção da universalidade do conhecimento científico). Alargando o conceito de travestismo e entendendo que ele engloba não apenas a ambiguidade de gênero, mas também a ambiguidade sexual, podemos considerar com Bernini que na obra que organizou com as memórias de Herculine Barbin, chamada Alexina, um hermafrodito francês que viveu no século XIX, Foucault teria apontado para o hermafroditismo como uma forma de sabotagem do dispositivo binário da sexualidade. Alexina suicida-se justamente quando é obrigada pelas autoridades médicas e jurídicas a adotar o comportamento do gênero masculino, a adotar o estado civil de homem. Ela era uma hermafrodita que havia adotado o gênero mulher, mas que era amante de mulheres. Para as autoridades, ela teria uma disfunção na organização do seu desejo e atração sexual em função simplesmente de sua indefinição sexual, e isso seria resolvido a partir do momento em que uma junta médica determinasse seu sexo. Ela, porém, se suicida por não reconhecer a identidade masculina como sua. Isso não significa, tão pouco, que a identidade feminina seria a sua identidade correta e que ela era na verdade uma hermafrodita lésbica. A sua condição sexual era justamente a intermediária entre os sexos, é com esse estado fluido, como diria Garber, que ela se sentia bem. Como afirma Foucault (1982) a propósito do estado de Alexina, "nem mulher amante de outras mulheres, nem homem escondido entre mulheres".

Butler traz as reflexões de Foucault acerca da criação na modernidade do dispositivo da sexualidade e da construção de sujeitos para o campo do feminismo. Na sua visão, o feminismo perde em capacidade de luta ao aderir à ficção naturalizante do sexo. Para ela, o sexo feminino é na verdade um gênero, construído dentro da *matrix* heteronormativa. Como vimos acima, essa *matrix* tem como modelo e critério o sexo e o gênero masculino e, nesse sentido, aderir ao sujeito mulher é aderir aos mecanismos de exclusão da lógica binária. Para Butler, o travestismo cross-dressing das drag-queens ou dos drag-kings apontam de modo performático para a generificação do sexo. Tanto o sexo, quanto o gênero são modos de comportamento estabelecidos: ao dizer-se mulher, nada mais fazemos do que adotar um modo de ser e de agir específico, definido socialmente. O gênero seria uma fantasia que adotamos não para disfarçar o corpo, mas para construí-lo. Sendo assim, alargando mais uma vez o conceito da travesti para incorporar nele, além da travesti em sentido estrito, pessoas que se identificam com o sexo oposto ao sexo de nascimento, mas que não querem fazer o restabelecimento cirúrgico, o hermafrodita, a travesti cross-dressing, a travesti que adota de maneira mais volátil a duplicidade de gênero, concluímos que, como Foucault, Butler defende uma subversão da lógica binária e das identidades sexuais pela adoção de um comportamento de gênero que deixe a ambiguidade à mostra.

O erotismo mostra que a função da sexualidade humana não é exclusivamente a procriação e a perpetuação da espécie, mas ela também possui uma dimensão existencial de autoconhecimento e conhecimento do outro. A travesti mostra que a identidade sexual não está determinada pela configuração do aparelho genital, nem pela adoção de comportamento social de gênero. O desejo sexual é algo que escapa ao determinismo fisiológico, biológico ou social. Parte do que caracteriza a humanidade e a distingue da natureza é a liberdade erótica, a liberdade de determinar o parceiro sexual, a liberdade do uso da imaginação e da fantasia como componentes decisivos ao prazer sexual. Mas é claro que não somos tão livres assim.

A instituição da heteronormatividade difundida pela cultura de uma maneira geral espalha o pânico entre a população ao associar sublinearmente o desvio das formas heterossexuais de prazer como um desvio da "natureza". Em *Os anormais*, livro constituído pelas aulas que deu em 1975 no College de France, Foucault analisa a história da configuração desse pânico pela associação da justiça com a medicina através da psiquiatria penal. Aborda nessas lições as transformações das tecnologias de poder de punição do antigo regime para a idade clássica pós-revolução e mostra como com a associação dos saberes médicos e jurídicos nascem novas técnicas de normalização. Antiliberal, Foucault expõe metodicamente, fazendo uso de provas textuais, através de documentos de época, como a sociedade liberal, baseada no contrato social livre, no qual os indivíduos aceitam participar da sociedade renunciando a seus desejos egoístas, cria mecanismos disciplinares de controle. O indivíduo entra em uma rede de discursos "universais", de dispositivos de verdade e racionalidade que podam sua subjetividade. O controle da subjetividade se dá através do controle da sexualidade.

Se no antigo regime o poder econômico da realeza dependia da arrecadação, na sociedade moderna ele depende da produção. Como manter o indivíduo produtivo ao longo de sua vida, sustentando o aparelho do Estado? Resumindo uma discussão que é rica e detalhada, a conclusão a que Foucault chega é que os julgamentos dos criminosos são um dos principais dispositivos através dos quais se chega a um controle efetivo do indivíduo na idade moderna. Obrigados a estabelecer uma punição, os juízes e júris recorrem ao legista ou psiquiatra penal que irá estabelecer a imputabilidade do criminoso. Para tal, é preciso entender o seu interesse (egoísta) no ato, isto é, qual a razão que o leva ao ato criminoso. De uma maneira pueril e pouco científica, os psiquiatras forenses mostram como haveria sinais na vida pregressa do criminoso que apontavam para o crime futuro. Em geral, esses sinais estavam relacionados ao comportamento sexual desviante. Ou seja, a partir da idade moderna não se julga mais o ato em si, mas se julga a história da vida do criminoso. Ele/ela passam a ser julgados moralmente. A pena servirá assim não apenas para pagar o crime, mas para corrigir seu comportamento desviante e torná-lo um sujeito normal. A punição tem o efeito educativo, gera na população ansiedade quanto à separação entre comportamento anormal e normal, imoral e moral. Essa é a maneira de controle e disciplina introjetados na subjetividade do homem e da mulher modernos. Eles precisam desde cedo se adequar à norma moral, pois cada falha, por mais insignificante que seja, pode levar ao crime futuro e à exclusão da sociedade de iguais. O paradoxal dessa história toda é que o sujeito se acha livre por não ser preso e condenado, mas, na verdade, está psicologicamente preso às amarras das normas de comportamento moralmente aceitas.

4. BIOPOLÍTICA E LITERATURA DISTÓPICA

> Não me convidaram
> Pra essa festa pobre
> Que os homens armaram
> Pra me convencer
> A pagar sem ver
> Toda essa droga
> Que já vem malhada
> Antes de eu nascer
>
> Cazuza, *Brasil*

Os romances distópicos *Admirável Mundo Novo*, de Aldous Huxley, e *O Conto de Aia*, de Margaret Atwood, são ótimas ilustrações para os perigos que a metafísica do erotismo de Georges Bataille e a farmacopornografia de Paul B. Preciado provocam quando levadas às suas últimas consequências.

O Estado-Mundo do *Admirável Mundo Novo* e a República de Gilead de *O conto de Aia* são dois modelos distópicos de sociedade no futuro que têm o biopoder como estratégia central de poder. No primeiro caso, um biopoder focado na medicina, tecnologia e ciência, e, no segundo caso, um biopoder focado na natureza e na religião.

Duas literaturas distópicas, separadas meio século uma da outra, chamam a atenção do leitor para o papel do controle da reprodução sexual em regimes totalitários*. Em ambas as histórias, a manutenção do poder totalitário depende de estratégias disciplinares e regulatórias de controle biopolítico, e de um racismo de Estado, entendido aqui como a divisão da sociedade em segmentos hierarquicamente separados e o domínio da decisão de quem pode viver e quem deve morrer (FOUCAULT, 2018).

Admirável Mundo Novo (1931), do inglês Aldous Huxley, fala sobre um futuro mais de 600 anos distantes da época em que o livro foi escrito. Na obra, o mundo é dominado por um só Estado-Mundo (*World State*) constituído por 10 governantes, onde todas as pessoas das camadas mais altas possuem trabalho, são jovens saudáveis e promíscuas. Não havia para elas nenhuma restrição de limite de parceiros sexuais. O Estado-Mundo foi fundado depois que o liberalismo e a democracia falharam, e o planeta ficou destroçado por causa da guerra química e de um colapso econômico.

O *Conto da Aia* (1985), da canadense Margaret Atwood, relata a história de Offred, uma serva na República de Gilead, antigo Estados Unidos. No livro, a autora desenha um quadro de como seria a situação das mulheres se voltássemos a viver em um ambiente dominado pela visão teocrática, na qual a função

---

* Distingo autoritarismo e totalitarismo da seguinte maneira: no regime autoritário, o tirano governa através do medo e da violência; no totalitário, o ditador ou ditadores governam através do controle total da vida da população, quem deve nascer, como deve viver e quem deve morrer, e quando.

primordial das mulheres seria procriar. Narrado em primeira pessoa, o livro é a transcrição das fitas encontradas no futuro, depois do fim da República, com as memórias de Offred, seu testemunho como Aia e a sua memória do passado.

Racismo de Estado

Um elemento que permeia o biopoder enquanto estratégia de domínio é o racismo de Estado: é preciso dividir para dominar. Em *Admirável mundo novo*, sob poder vigente do EstadoMundo, a população mundial é limitada a precisos 2 bilhões de pessoas, dividida em 5 categorias que correspondem a 5 diferentes classes sociais: alfas, betas, gamas, deltas e épsilons. Crianças betas são ensinadas a desprezar as crianças das castas inferiores (gamas e deltas) e a admirar as da casta superior (alfas).

Enquanto a privilegiada elite intelectual dessa sociedade (alfas e betas) viaja em foguetes, mora em apartamentos luxuosos, dispõe de pílulas da felicidade (soma), que lhes provocam prazer e retiram-lhe qualquer preocupação da mente, as demais castas vivem em casebres, se locomovem de trem para suas fábricas, não possuem nada para lhes alegrar a vida, mas tão pouco sentem falta de algo.

Diversas normas são impostas à sociedade de *Admirável Mundo Novo*, como, por exemplo, a rejeição à monogamia, o encorajamento ao consumo, escapismo da realidade por meio de drogas. Além disso, os indivíduos precisam ter características físicas particulares a cada casta. Quem não pautar sua vida por esses lemas ou não possuir as características físicas padrões, é socialmente marginalizado. Bernard Marx, o personagem central do livro, pertence à casta superior, apesar de sua estatura menor do que o normal, o que o faz ser marginalizado por seus colegas, sentindo-se, assim, estigmatizado. Sua diferença física também faz com que ele se sinta diferente e, com isso, adquira uma percepção diferenciada, crítica, acerca do modo de comportamento dos demais, em especial do que diz respeito às relações amorosas. Essa visão diferente sobre o mundo faz com que ele desenvolva comportamentos destoantes que levam seu superior a acreditar que ele é um elemento nocivo para a sociedade e que deve ser banido dela para sempre. No entanto, o que Bernard Marx deseja, no fundo, é ser incorporado e aceito como um igual, um normal em sua casta. Isso mostra o quanto no processo de formação de subjetividade, como denunciam Foucault (2011) e Butler (1997), constitutivo da identidade do sujeito, a norma é introjetada de tal maneira que quebrá-la significa uma fratura na autoimagem do sujeito. Ele quer ser aceito e amado enquanto um igual, e a norma tem um papel fundamental no assujeitamento dos indivíduos. Nas sociedades ocidentais, a imagem que o sujeito tem de si é predominantemente marcada por seu comportamento sexual, pelo seu desejo. Ser um alfa para Bernard significava ter todas as relações sexuais que quisesse.

Na obra de Huxley, Bernard faz um sucesso estrondoso no meio social ao trazer consigo da Reserva Natural um selvagem, ou seja, um indivíduo que não sofreu o mesmo processo de lavagem cerebral e condicionamento de seus colegas, ao contrário, autodidata, aprendeu sobre a vida e as relações humanas lendo um exemplar das obras completas de Shakespeare, autor banido do Estado-Mundo. Por esse motivo, esse selvagem não consegue entender como é possível viver nessa sociedade. Ele não consegue se adaptar a uma sociedade na qual não existe o amor individualizado por uma mãe, nem o amor pela pessoa amada e muito menos uma sociedade na qual não se lamenta a morte.

Em *O Conta da Aia*, o racismo de Estado se apresenta através da segregação das mulheres. Grande parte delas é transformada em propriedade do Estado. Utilizam-se de técnicas de biopoder regulatórias, atribuindo à elite da República de Gilead o poder de determinar para onde cada mulher irá e qual o trabalho que fará.

Elas são divididas em quatro grupos hierárquicos de acordo com sua capacidade reprodutiva e conduta sexual: no topo da hierarquia estão as Tias, que apesar de não-casadas possuem algum domínio e influência política por serem centrais para o sistema (elas que educam e controlam as Aias); em seguida, estão as esposas, que não possuem poder de influência nenhum, mas que usufruem do *status* de poder da sua condição de esposa de comandantes; em terceiro estão as Marthas, as governantas e empregadas da casa; e por último, as Aias, que devem obedecer a todas as outras e se submeter a estupros diários. Além dessas quatro categorias, existem as consideradas "não-mulheres", que é a classificação destinada às viúvas, homossexuais, adúlteras e feministas, destinadas ao trabalho forçado em campos contaminados por radiação.

Cada pessoa na sociedade distópica de *O Conto da Aia* possui funções e obrigações para com o Estado. Suas obrigações são muito bem desenhadas pela estrutura política vigente. As Aias, por exemplo, possuem a função de procriar, ou seja, elas servem para serem inseminadas pelos comandantes. As Aias são estupradas em dias e horários predefinidos pelos comandantes. Durante o ato sexual, as esposas desses homens sempre estão presentes, para que assim, supostamente, participem da concepção de seu futuro filho ou filha. As únicas "liberdades" que as Aias possuem é rezar em seu quarto e fazer compras, uma vez por dia, em companhia de uma Aia de outra casa, em lojas cujos letreiros foram trocados por imagens, uma vez que a elas era proibido ler.

A separação entre castas mostradas nos dois romances serve para mostrar a eficiência do racismo de Estado como uma ferramenta de biopoder fundamental, pois, a partir desse tipo de controle, em que as pessoas ficam presas em suas funções, obrigações e predestinações, o Estado inibe qualquer construção autônoma de subjetividade.

Condicionamento Psicológico

É importante para a implementação de um sistema totalitário que seus princípios sejam adotados por livre e espontânea vontade, para que pareçam pertencer ao livre-arbítrio do sujeito. Isso é possível por meio de condicionamento psicológico. Em *Admirável Mundo Novo*, afirma-se que

> este é o segredo da felicidade e da virtude - gostar do que você tem que fazer. Todo condicionamento tem esse objetivo: Fazer com que as pessoas gostem de seu destino social inescapável* (1967, p. 24).

Na obra de Huxley, o condicionamento psicológico iniciase a partir da fecundação, quando embriões são manipulados para que cresçam com habilidades cognitivas pertinentes às castas para as quais serão destinados. Castas inferiores requerem capacidade cognitiva menor do que as superiores.

Antes dessa divisão em castas superiores e inferiores, foi feito um experimento de se colocar em uma ilha apenas

---

* Tradução nossa.

membros alfas "perfeitos", mas eles acabaram em guerra uns contra os outros, porque ninguém queria realizar os trabalhos para os quais não se necessitava de qualificação especial, como limpeza. Chegou-se, então, à conclusão de que para se obter a estabilidade seria necessário "produzir" indivíduos que fossem aptos do ponto de vista físico e intelectual a apenas realizar atividades não qualificadas.

Por que os membros das castas inferiores também não se revoltam por serem obrigados a realizar as piores tarefas, as mais extenuantes e degradantes? Além dos mecanismos físicos introduzidos durante a fertilização, tais como a diminuição do nível do oxigênio, que impactam diretamente no desenvolvimento físico e mental dos ovos fertilizados na incubadora, há um outro mecanismo: o condicionamento. A família nuclear é abolida e substituída pelo Estado, responsável pela criação da população. Pouco depois de nascerem, os bebês e as crianças entram no programa coletivo de condicionamento promovido pelo Estado – no mesmo local onde foram fertilizadas. Elas são condicionadas a pensar e a agir em conformidade com as obrigações de sua casta. Isso é feito através de alguns mecanismos de condicionamento, tais como a "hipnopedia", que consiste na repetição de mensagens durante o sono das crianças e jovens* e o método pavloviano de associar dor e prazer a certos objetos propositadamente escolhidos.

Esses mecanismos de controle do Estado-Mundo de Huxley através do condicionamento psicológico refletem a estratégia de biopoder denunciada por Foucault. Para o autor francês, a obsessão dos cientistas do século XIX em falar "a verdade

* "Cem repetições, três noites por semana por quatro anos. Sessenta e duas mil e quatrocentas repetições fazem uma verdade." (p. 47, tradução nossa)

sobre o sexo" refletia uma política de Estado de controle da população. Nunca se falou tanto sobre a sexualidade, mas ao invés de digamos "libertar" o desejo sexual, a discursividade científica só fez prender o desejo em modelos de subjetividades fechados (FOUCAULT, 2011). O discurso científico é, portanto, o maior colaborador das políticas de controle da população do Estado capitalista moderno. No romance distópico de Huxley, a ciência tem um papel preponderante no controle da população. Juntos, fertilização *in vitro*, de acordo com as demandas econômicas e de segurança do Estado-Mundo, e condicionamento psicológico, de acordo com os valores que o Estado predetermina para cada casta, configuram as duas ferramentas principais do biopoder do Estado-Mundo totalitário da distopia de Huxley. Ao longo do romance, os personagens da casta superior, alfa, repetem frases que exprimem princípios de vida que lhes foram incutidos durante o processo de condicionamento infantil através do sono. Tais frases representam os "princípios" de vida das castas superiores: "todo mundo pertence a todo mundo", "jogar fora é melhor do que consertar", "uma grama é melhor do que um problema". Contidas nessas mensagens estão, respectivamente, a rejeição à monogamia, o encorajamento ao consumo e a possibilidade de escapar da realidade através de droga alucinógena. Vale relembrar que é muito importante para o sistema mundial totalitário do romance que esses princípios sejam adotados por livre e espontânea vontade, para que pareçam escolhas livres. Mustafa Mond, um dos chefes de Estado-Mundo, relata a história pregressa da constituição da nova sociedade. Segundo ele, os reformadores sugeriram mudanças na maneira de fecundação para que as mulheres ficassem 'livres' do fardo de ter que gestar um bebê, isto é, deixassem de ser vivíparas, e a população mundial passasse a ser gestada artificialmente, em um útero artificial – método cunhado de *ectogenesis*. Ao se livrar da gestação, as mulheres passariam a ser "livres" para se relacionarem com quem quisessem. Nesse novo modelo, apenas algumas mulheres escolhidas doariam seus óvulos, mas, mesmo assim, nenhum casal seria mais responsável pela criação dos filhos. Não haveria mais família e, com isso, todos os problemas, sofrimentos e dores de cabeça que família e relacionamentos amorosos ocasionavam, acabariam.

Mustafa conta que, por causa do cristianismo, a população não aceitou essa proposta dos reformistas (leia-se, cientistas). Houve, então, uma guerra que durou nove anos, que provocou um grande colapso econômico. Depois disso, só restaram, segundo ele, dois caminhos a seguir: continuar um Controle Mundial ou a destruição, a estabilidade ou o caos. Optou-se, então, pelo primeiro e com isso a democracia e o liberalismo acabaram.

Mesmo com o fim do liberalismo, os Controladores não foram, entretanto, capazes de impor a ordem. Não conseguiram obrigar as pessoas a consumir mais de acordo com os interesses das indústrias. Havia objeção de consciência em grande escala e as pessoas preferiam voltar para a natureza e para a cultura a consumir. Nesse cenário, uma vez que o indivíduo preferia sentar-se e ler ao invés de consumir, a cultura torna-se um empecilho,

Os Controladores tentaram demover as pessoas de seus ideais anticonsumistas com repressão e violência. Mustafa narra o massacre do Museu Britânico, no qual 2 mil "fãs" de cultura morreram pela inalação de gás venenoso. Desse dia em diante, os Controladores decidiram que a força não era uma boa estratégia e passaram a adotar métodos mais lentos, mas infinitamente mais seguros, a ectogênese, o condicionamento neo-pavloviano e a hipnopedia. Foi feita, então, uma enorme propaganda contra o método de gestação "natural", acompanhada de uma campanha contra o Passado pelo fechamento dos museus e a demolição dos monumentos históricos e, finalmente, pela supressão de todos os livros escritos antes de A.F. 150 (isto é, antes de 150 anos a partir do início da era Ford). Nenhuma geração atual sabe, portanto, que existiram pirâmides no passado e que existiu um poeta chamado Shakespeare. Para Mustafa, essas são as vantagens de uma "educação científica". Na nova sociedade do Estado-Mundo, a ciência foi colocada no lugar da arte e da religião e o consumo no lugar da natureza. Todas as cruzes tiveram seu topo cortado e viraram um "T". O "T" representa uma homenagem ao modelo de carro com essa letra produzido pelo fabricante de automóveis americano Henry Ford. O Deus cristão foi substituído pelo T do carro, pelo símbolo do consumo da sociedade industrial de massa. O paraíso celeste foi substituído pelo paraíso terrestre na forma de uma grama de Soma, que, segundo Mustafa, possui todas as vantagens do álcool e do cristianismo, mas nenhum de seus defeitos.

Em *O Conto da Aia*, o controle dava-se por meio da imposição de conceitos religiosos. Mediante um golpe de Estado, foram instituídos os valores teocráticos e patriarcais. Diferentemente de *Admirável Mundo Novo*, em que as ideias foram embutidas na sociedade sem que os indivíduos percebessem, na obra de Atwood a cisão entre a realidade atual imposta e a antiga sociedade é algo impossível de ser ignorada, dada a violência com que a nova sociedade fora instituída.

As técnicas de controle são explícitas. As Aias são obrigadas a reaprenderem a serem mulheres submissas e obedientes. Recebem educação para servir ao Estado no Centro de Reeducação Raquel e Lea, dirigidos por mulheres chamadas Tias – que não podiam ter filhos, mas que haviam escapado das colônias de trabalho forçado na medida em que conquistaram a vaga de educadoras das Aias. Diferente do biopoder do *Admirável Mundo Novo*, baseado na "ciência" e na tecnologia, em *O Conto de Aia*, o poder sobre a vida se dá através da violência e repressão.

Controle e seleção da natalidade

O tema do controle do processo de reprodução é abordado nas duas obras de maneira oposta. Enquanto em *Admirável*, por causa do caráter antirreligioso, pró-ciência e pró-consumo da obra, o controle de natalidade está atrelado aos interesses da produção e da economia; em *O Conto*, a reprodução está ligada aos interesses teocráticos

No livro de Atwood, a maioria das mulheres é infértil. Para atender à necessidade de reprodução, a sociedade antiga dispunha tanto de métodos de inseminação artificial, clínicas de fertilidade, quanto "mães de aluguel". Contudo, com a transição de poder para a República de Gilead, os métodos de fertilização feitos a partir de procedimentos laboratoriais tornaram-se ilegais, pois antirreligiosos. Entretanto, legitimou-se a possibilidade de reprodução por meio de "mães de aluguel", uma vez que tal prática possuía precedentes bíblicos. No Velho Testamento (Gênesis, 30: 1-3), Raquel, que era infértil, tinha inveja da irmã Lea, primeira esposa de Jacob, e pede a ele, de quem também era esposa, que fecunde a sua criada, Bila sobre os seus joelhos, e ela, assim, possa receber filhos no lugar dela. A procriação passa a ser uma política de Estado, pois cabe ao Estado a captura e treinamento das Aias.

As servas de Gilead são as mulheres que podem procriar, mas que não pertencem à casta das mulheres de comandantes (os Filhos de Jacob). As mulheres dos comandantes, inférteis, todas, recebem da República de Gilead uma Aia para que possam, como Bilha, procriar para a família. Se ocorre alguma coisa e a Aia não consegue cumprir com sua tarefa, ela é mandada para as colônias de trabalhos forçados, onde vivem as homossexuais, viúvas, adúlteras e feministas, chamadas de "não-mulheres". Offred conta em seu relato como foi separada de seu marido e de sua filha. Apesar de ser considerada adúltera por ter se casado com um homem que já havia se casado anteriormente, ela teve sua vida preservada somente porque ainda era fértil.

Enquanto em *O Conto da Aia* havia um controle de natalidade em prol da reprodução da classe superior, dada a grave situação de infertilidade das mulheres dos comandantes, em *Admirável Mundo Novo*, o controle do nascimento aconteceu em prol da manutenção de um modelo econômico altamente capitalista. A expectativa de vida dos grupos alfa e beta é de 60 anos. Depois dessa idade, a pessoa é transportada para um hospital especial para morrer. Indivíduos de castas mais baixas (gamas, deltas e épsilons) são clonados, em um processo que produz 96 indivíduos idênticos, e recebem no processo a quantidade exata de oxigênio e calor para que sejam aptos apenas ao trabalho físico.

Admirável, escrito há quase um século atrás, antecipou, entre outras coisas, um dos maiores dilemas éticos da contemporaneidade, o do limite da engenharia genética. Depois que o genoma humano foi decifrado e as técnicas genéticas aprimoradas, os países discutem sobre quais os limites do seu uso. Hoje, há um certo consenso de que a genética pode ser usada de forma terapêutica, para impedir que o feto venha a ter doenças hereditárias graves, mas não há de forma alguma um entendimento comum de que a genética também possa ser usada para o melhoramento (DALL'AGNOL, 2019). Por melhoramento genético se entende a opção de escolher os genes de um feto de tal maneira que ele possa nascer com aptidões intelectuais e físicas acima da média. Huxley, que pelo que parece defendeu durante certo período da sua vida a eugenia (ILLERHAG, 2018), alerta-nos para o perigo que significa dar livre acesso a esse tipo de engenharia a um totalitário, movido pela produção e pelo consumo.

Há muito em comum entre os dois romances distópicos. Ambos respondem às inquietações de seu tempo. Huxley viveu no momento do *boom* da associação da tecnologia, ciência e economia. O tema da eugenia e da engenharia genética estava engatinhando na sua época, mas era muito popular, tanto que, dez anos depois, o nazismo buscou realizar a eugenia expulsando e matando os judeus, os doentes mentais, os ciganos, os homossexuais e os seus inimigos políticos. Hoje em dia, a possibilidade de alterar os genes hereditários de um feto com finalidade terapêutica é uma possibilidade real, mas não há base ética para usar essa tecnologia para aprimorar as capacidades dos indivíduos. Huxley nos alerta sobre o risco que corremos se aceitarmos esse tipo de intervenção da engenharia genética no aprimoramento humano. Atwood, por outro lado, nos alerta para o perigo que corremos quando a sociedade cai na mão de fanáticos religiosos que querem controlar a vida das pessoas, negando-lhes o acesso à informação e à educação.

Nos regimes totalitários, não há espaço na vida das pessoas para o erotismo, porque o objetivo desses regimes é controlar totalmente a vida das pessoas, de tal forma que seus interesses sejam iguais aos interesses do Estado. No Estado-Mundo do *Admirável* não é a natureza que guia a relação de um corpo com outro corpo em busca de satisfação e união, mas, sim, a ciência reprodutiva e a tecnologia farmacológica. A presença do Estado no controle da atuação da ciência e da tecnologia faz desse um regime biopolítico, isto é, um regime em que a "verdade" científica está a favor do interesse estatal de domínio da população. Esta é, portanto, uma situação de *poder disciplinar*, diferente do regime farmacopornográfico do capitalismo tardio de que nos fala Paul Preciado, pois nesse caso estamos lidando com um modelo *pós-disciplinar* de biopolítica. A gestão política da vida (a biopolítica) passa a se voltar para objetos como "sexo", "identidade sexual", "gênero", "sexualidade", através de novas dinâmicas do tecnocapitalismo, da mídia global e das biotecnologias (PRECIADO, 2018, p. 27). A farmacopornografia libera o indivíduo para fazer uso dos artifícios que quiser, sem se prender a uma ordem natural fixa. Para Preciado (2018), esse terceiro tipo de capitalismo, iniciado em torno dos anos 1970, depois dos regimes escravista e industrial, estabelece um novo tipo de "governo do ser vivo".

2ª PARTE

Imaginação e Desejo

5. LITERATURA ERÓTICA/PORNOGRÁFICA

Aristóteles (384 a.C. - 322 a.C.)* foi o primeiro a falar de uma "organização" estética relacionada à poesia dramática. De acordo com ele, para provocar o efeito de terror e piedade, a tragédia deve ser dividida em três partes, *mudança* (da fortuna para a desgraça), *reconhecimento* (algum tipo de revelação, por exemplo, a descoberta da origem da peste que acometeu Tebas em Édipo Rei) e *catástrofe* (desfecho final trágico). Essa "fórmula" foi apropriada posteriormente para outros gêneros estéticos, como, por exemplo, o filme de horror, que, como as tragédias, objetiva purgar do espectador as paixões de pavor e compaixão (CARROLL, 1990). O filme pornográfico, como afirma Maíra Elvira Díaz-Benítez (2010), também possui três etapas básicas: *preliminares*, *transa* e *consumação*.

Mas qual seria o "afeto" que o livro ou o filme erótico procura expurgar no seu leitor ou expectador? Certamente, diferente da tragédia e do filme de horror, a literatura e o filme erótico não

---

* ARISTÓTELES. *Poética*. Trad. Eudoro de Souza; Lisboa: Casa da Moeda, 2010.

pretendem provocar terror e piedade. O livro ou filme erótico devem provocar *excitação erótica* (NEWALL, 2012).

Para todos os efeitos, nos interessa aqui salientar este princípio fundamental: a literatura pornográfica é aquela que provoca a excitação sexual no leitor ao retratar relações sexuais que fogem da norma. Assim, partimos da tese de que a excitação erótica produzida pelo gênero pornográfico é provocada pela quebra da norma, isto é, pela violação de normas sociais ou morais acerca do comportamento sexual "correto". Baseando-se em Noël Carroll (2001), Michel Newall (2012) define a quebra de uma regra como a transgressão de uma categoria, de um conceito, de uma norma ou de uma expectativa ordinária. Assim, a pornografia aborda o sexo transgressivo de várias formas: sexo entre pessoas que não sabem nada uma sobre a outra; sexo em lugares públicos; sexo entre membros de classes sociais distintas; entre pessoas de diferentes gerações; sexo com animais, e assim por diante.

Vale a pena neste ponto distinguirmos Erotismo e Pornografia, para que possamos nos aprofundar nos tópicos sobre transgressão, censura, imaginação erótica e sobre o paradoxo do desejo erótico. Para Vladimir Nabokov, a pornografia está associada à mediocridade, ao comercialismo e a regras restritas de narração: "[na pornografia] todo prazer estético deve ceder lugar à simples estimulação sexual" (2003, p. 315). Para a brasileira, especialista em literatura erótica, Eliane Moraes (2013a), contudo, há autores de literatura erótica que não são comerciais, mas podem ser chamados de pornográficos, uma vez que se utilizam linguagem obscena. Segundo Eliane Moraes, o senso comum distingue o pornográfico do erótico de maneira moral, atribuindo ao primeiro a característica de apresentação da cena sexual de forma escancarada, enquanto no segundo, ela seria feita de forma velada. Para ela, essa definição esbarra com a dificuldade de enquadrar escritores que não são comerciais como a brasileira Hilda Hilst, mas em cujos livros a cena sexual é apresentada de forma despudorada, obscena, escancarada. O seu *O Caderno Rosa de Lora Lamby*, por exemplo, reproduz as confissões de uma menina de oito anos, narradas por ela mesma, a personagem principal. Lori Lamby é "vendida" pela mãe e pelo pai a homens mais velhos que buscam prazer sexual pela pedofilia. A menina gosta do que lhe acontece e gosta mais ainda do dinheiro que recebe para fazer tudo o que tem que fazer. Lori descreve o prazer que sente em seus encontros com homens mais velhos usando um linguajar infantil. Já no final do livro, depois de algumas pistas soltas, nos é revelado que as histórias de Lori e os atos sexuais praticados por ela não passam de uma criação de sua fantasia, na intenção de o diário se tornar um livro pornográfico vendável. Seguindo a definição do senso comum, *O Caderno* seria tanto erótico quanto pornográfico. No entanto, é claro que ele não pode ser chamado pornográfico da mesma forma que outras obras pornográficas, nas quais o sexo é apresentado de forma explícita e direta, sem preocupação com o tratamento da linguagem e o apuro das imagens poéticas.

Em sua crítica à pornografia, Nabokov privilegia o prazer estético à excitação sexual e dá a entender que em uma obra estética, não-comercial, a excitação sexual é secundária. Em entrevista para o podcast Ilustríssima Conversa (2020), Eliane Moraes afirma que as duas coisas não podem ser separadas. Seja no caso de livros eróticos-pornográficos, como *O Caderno Rosa* de Hilda Hilst, ou de livros exclusivamente eróticos, como *Lolita* de Nabokov, ambos atingem, diz Moraes, tanto o espírito quanto o corpo do leitor, isto é, provocam tanto prazer estético quanto prazer sexual. Para Nabokov, ao contrário, um produto da imaginação e da fantasia, como um filme pornográfico, se apenas pretende levar o leitor à excitação sexual, realmente perde todo o seu valor artístico e estético, pois só atinge o corpo do espectador

Diferentemente de Nabokov, a escritora e cineasta francesa Virginie Despentes, diretora do filme *Baise-Moi* (2000) pensa que o filme pornográfico

> se endereça diretamente ao centro das fantasias sexuais sem passar pela palavra, sem reflexão. Primeiro a gente fica molhada ou tem uma ereção, depois pode se perguntar o porquê. Os reflexos de autocensura são desestabilizados. A imagem pornográfica não nos deixa escolha: é isto que te excita, é isto que te faz reagir. Ela sabe onde apertar para que funcionemos. Essa é sua força maior, suma dimensão quase mística (DESPENTES, 2016, pp. 76-77).

Assim como romances como *Lolita*, de Nabokov, e *O Caderno Rosa de Lori Lamby*, de Hilda Hilst, ilustram situações imaginárias, frutos da fantasia dos autores, filmes com muitas cenas de sexo explícito, violência e estupro, como *Baise-moi*, também ilustram cenas fantasiosas; não convidam o expectador a que imitem seus atores, mas sim permite a que vivam através do filme fantasias que jamais pretenderiam que se tornassem reais. "Nossas fantasias sexuais falam de nós da mesma maneira deslocada que os sonhos. Elas não falam nada sobre o que gostaríamos que acontecesse de fato" (DESPENTES, 2016, p. 77).

No romance de Hilda Hilst são retratadas as relações sexuais, sem penetração, proibida pelos pais, seus proxenetas, apenas masturbação mútua, de uma menina de oito anos que se prostitui com seus clientes e, também, relações de uma moça com um jumento.

A obra de Hilst *O Caderno Rosa* é transgressora no tema e ao mesmo tempo sofisticada na linguagem poética.

> Disfarçado de pornografia, o texto é uma fina reflexão sobre o ato de escrever como possibilidade de jogar com os limites da linguagem. Trata-se, para Lori Lamby, de conhecer o funcionamento da língua, no seu duplo registro: falar, narrar, fabular - assim como lamber, chupar e sugar -, exigem um aprendizado sutil e interminável, pois os prazeres da boca se desdobram em muitas modalidades. Não por acaso, a autora dedica o livro "à memória da língua" (MORAES, 2013).

Uma menina de oito anos de idade jamais conseguiria ter esse nível de consciência acerca das relações sexuais e suas implicações, a tal ponto de ser capaz de recontá-las em seu diário e com leveza, mas a romancista brasileira consegue trazer ao leitor a ingenuidade da menina, sua falta de culpa ou medo e o seu controle total da situação ainda que em uma forma de relato que mistura linguagem obscena com infantil. Ela não sabe o nome dos órgãos sexuais e descreve tudo como uma brincadeira prazerosa, e lucrativa. Os seus "clientes" são autorizados somente a chupá-la, não há penetração, e eles lhes ensinam a como chupar-lhes o pênis.

> Eu tenho oito anos. Eu vou contar tudo do jeito que eu sei (...). Eu deitei com minha boneca e o homem que não é tão moço pediu para eu tirar a calcinha. (...) Ele começou a me lamber como o meu gato se lambe, bem devagarinho(...). Eu fiquei bem quietinha porque é uma delícia e eu queira que ele ficasse lambendo o tempo inteiro. (...) O moço pediu para eu dar um beijinho naquela coisa dele tão dura (HILST, 2014, p. 11).

No *Caderno*, Lori reproduz a história que um de seus "tios" (clientes) lhe enviara, "Caderno Negro, Corina: a moça e o jumento". Nela são relatadas as angústias de um jovem da roça assediado por um rapaz e uma moça, que incapaz de realizar o ato, se excita ao ver a cena de sexo do padre com Corina. Por fim, decide tomar uma atitude e faz Corina masturbar o jumento enquanto penetra o rapaz que lhe havia assediado. E, depois disso, fuma um cigarro e vai embora para sempre da cidade. Não há uma expectativa de romance ou final feliz, ele precisava romper suas barreiras para realizar seu desejo.

A história do olho de Georges Bataille é um exemplo de literatura erótica que baseia sua narrativa na transgressão. Para o autor, o sentido do erotismo é justamente a fusão entre os corpos, a supressão dos seus limites, experiência essa que se assemelha à morte. Para Bataille, o sentido do erotismo é a morte (2013a). A obra de Bataille foi publicada em 1927 sob o pseudônimo Lord Arch. O livro narra as estripulias sexuais de três adolescentes. O caráter escatológico e surrealista da obra aparece para o leitor já nos seus parágrafos iniciais, quando o narrador conhece Simone na praia. Em uma das primeiras cenas do livro, ela mergulha sua bunda no prato de leite do gato para enorme excitação do narrador. Logo em seguida, ele narra o dia em que passeavam de carro e ele atropelou uma ciclista jovem e bela. Os dois, o narrador e Simone, ficaram contemplando a morta, cujo pescoço havia sido arrancado, por um longo perído.

Para Moraes (2003), Bataille só conseguiu redigir esse livro, cuja simbologia é fortemente inspirada em experiências traumáticas da sua infância, graças ao tratamento psicanalítico a que havia se submetido um ano antes. Filho de pai sifilítico e mãe maníaco-suicida, Bataille acompanhou de perto o processo pelo qual a doença do pai o levou à loucura e a mãe a um estado de melancolia profunda. Para ele é marcante o fato de o pai ter lhe gerado quando a doença já o havia deixado cego. Durante a sua adolescência, a afeição pelo pai se transformou em repulsa inconsciente. O fato de a doença do pai ter lhe deixado paralítico e cego não mais o abalava. A paralisia e a cegueira levavam-no a cagar e mijar em um recipiente acoplado para essa finalidade à sua cadeira, e que ele por isso muitas vezes fedia a excrementos e mijo. Foi graças à terapia psicanalítica que Bataille conseguiu transformar a angústia e culpa que as reminiscências do pai lhe traziam, dando-lhes um sentido obsceno (BATAILLE, 2003).

A pornografia é o discurso veiculador por excelência do obsceno, ou seja, daquilo que se mostra, mas deveria ser escondido (MORAES e LAPEIZ, 1984). Ela exibe o indesejável, o sexo fora do lugar, "bizarro: para alguns representaria uma 'visão deformada do erotismo' (MORAES, 2006). Romances como os de Hilda Hilst e Georges Bataille nos mostram justamente o quanto a imaginação criadora pode ultrapassar o limite do possível. Nos romances eróticos-pornográficos de cada qual desses autores, o personagem/autor extravasa a sua fantasia, colocando-a para além do limite do possível e do realizável.

6. *LOLITA*, *O CADERNO ROSA*, "BAISE-MOI" E A CENSURA

Depois de terminar de escrever *Lolita*, em 1954, o escritor russo Vladimir Nabokov, que a essa altura vivia nos EUA, enviou seu manuscrito a quatro editoras americanas. Nenhuma delas quis publicá-lo. As alegações para a recusa eram as mais disparatadas: "não há pessoas boas no livro", "se publicassem o livro, os dois, o autor e o editor, iriam para a cadeia", "a parte II é longa demais" (*apud* NABOKOV, 2003).

No posfácio, *Sobre um livro intitulado "Lolita"* (2003), Nabokov reconhece que havia na época três temas tabus na cultura americana: pedofilia, ateísmo e casamento inter-racial. Nesse sentido, a história da obsessão sexual de um homem de mais de 40 anos por uma ninfeta de 12 anos tocava em um tema sensível. Ele quase seguiu o conselho de um amigo de publicar o livro sob um pseudônimo, mas desistiu, pois isso contrariaria tudo aquilo que ele acreditava sobre o papel da literatura.

> Que meu romance contém diversas alusões aos impulsos fisiológicos de um anormal, isso é verdade. Mas, afinal de contas, não somos crianças, nem delinquentes juvenis e

> analfabetos, nem frequentamos aquelas escolas inglesas onde os alunos, *após uma noite de folguedos homossexuais, são paradoxalmente obrigados a ler os clássicos em versões expurgadas* (NOBOKOV, 2003, p. 319, itálicos meus).

Nabokov deixa claro aqui que uma sociedade que acha que ao censurar cenas de sexo e erotismo dos livros eliminaria também a curiosidade e o desejo sexual dos jovens é hipócrita e puritana. Por outro lado, ele deixa claro acima que não está defendendo as práticas abusivas da personagem do seu romance, caracterizadas como "impulsos fisiológicos de um anormal". É preciso, portanto, traçar uma linha entre o campo da imaginação, onde de certa forma tudo é possível, e o real, onde estamos sujeitos a limites sociais e físicos.

Quando Nabokov afirma "não somos crianças, nem delinquentes juvenis e analfabetos", deixa claro que qualquer adulto letrado, educado e socializado nos princípios básicos de respeito à liberdade dos indivíduos, sabe muito bem identificar a linha que separa o comportamento correto do ponto de vista da ética e da moral, do abusivo, aquele que provoca dor e sofrimento a outrem, seja essa dor psíquica ou física. Em momento algum ocorrerá a esse adulto ultrapassar a linha que separa o produto da imaginação literária do real, transpor a barreira que separa a ficção, a fantasia, da realidade. Esse adulto "normal" jamais irá reproduzir os padrões de comportamento abusivos descritos em *Lolita* por causa da leitura do livro. Nas ocasiões nas quais um criminoso alega em sua defesa que cometeu algum tipo de crime porque viu determinado programa de televisão, determinado filme ou leu em determinado romance, qualquer exame psicológico consegue atestar que seus desejos perversos *antecediam* ao livro e ao filme. A censura a romances, filmes, enfim, a qualquer produto da imaginação, qualquer objeto artístico, não elimina as taras, as perversões e os abusos, pois aqueles não podem ser considerados causa direta destes.

A óbvia separação ontológica entre o real e o imaginado em qualquer obra artística, ficcional, não impede, entretanto, que essas obras sejam censuradas a depender do conteúdo. Da mesma forma que a publicação de *Lolita* nos EUA foi recusada por causa da sua temática, o editor da editora Brasiliense, Caio Graco, leu e não quis publicar *O Caderno Rosa*, porque considerou o livro "escabroso" (HILDA *apud* PAIM, 2014), e o filme *Baise-moi* foi retirado de cartaz na França pelo Conselho de Estado após pedidos de pais de menores e associações civis por causa do "excesso de sexo e violência"[*]. Por que esse medo do sexo? Em entrevista para o podcast Ilustríssima Conversa (2020), Eliane Moraes afirma que na verdade os censores temem *a imaginação*, porque ela não possui limites e regras.

Os censores são guardiões do tempo, ou seja, desejam que o futuro seja igual ao passado, que nada mude, por isso temem que a imaginação do artista sirva de motor para mudanças na ordem estabelecida. O futuro, entretanto, é uma página em branco, incontrolável. Para evitar esse elemento de indeterminação, os sistemas autoritários buscam de todas as formas controlar a imaginação. Por isso, escritores e artistas são alvos de um regime autoritário.

No posfácio de *Lolita*, Nabokov conta que sentiu a primeira "palpitação" de Lolita no final de 1939, quando morava em Paris e estava acamado por conta de uma nevralgia. O "frêmito inicial de inspiração" foi provocado por um artigo de jornal

---

[*] Folha de São Paulo, 4/7/2000.

sobre um macaco do zoológico da cidade que foi capaz de produzir o primeiro desenho jamais feito por um animal após ter sido durante meses estimulado por um cientista. No desenho, porém, só apareciam "as grades da jaula da pobre criatura".

Por que será que essa história levou Nabokov a sentir um "frêmito de inspiração" que o levaria a escrever um livro sobre a relação sexualmente abusiva de um homem adulto e uma menina pré-adolescente? Aparentemente, tratam-se de situações completamente diferentes, mas, no fundo, ambas abordam o tema da perversa intimidade entre vítima e algoz. Tanto o macaco do zoológico quanto Lolita estão "presos", mas obrigados a conviver com seus algozes como se estes fossem seus benfeitores.

Há várias interpretações sobre o sentido de Lolita. Há os que acham que se trata de um grande caso de amor e outros que condenam o livro por tornar o estupro de uma criança uma experiência estética. Não acho válida nenhuma dessas duas hipóteses. Para mim, a mais pertinente é a interpretação de Azar Nafisi (2009), para quem o livro narra a história do confisco de uma vida por outra. Lolita não tinha para onde ir, era órfã e menor de idade. Humbert aproveitou-se da sua fragilidade para transformá-la na sua fantasia, no seu amor morto da infância. Nessa transformação forçada de Dolores em Lolita, ele a destruiu. Lemos no início do livro, quando Humbert começa a sua narrativa/confissão:

> pela manhã ela era Lô, não mais que Lô, com seu metro e quarenta de altura e calçando uma única meia soquete. Era Lola ao vestir os jeans desbotados. Era Dolly na escola. Era Dolores sobre a linha pontilhada. Mas em meus braços sempre foi Lolita (NABOKOV, 2003, p. 11).

Não há como prever no que Dolores se transformaria quando adulta se não houvesse sido "absorvida" pela fantasia idiossincrática de Humbert, por sua obsessão por reviver o amor fugaz e incompleto (literalmente um *coitus interruptus*) da infância. O livro, entretanto, conta a história desde o ponto de vista único e exclusivo de Humbert. Aguardando na prisão seu julgamento por homicídio (ele havia assassinado o dramaturgo C. Q. por este ter ajudado Lolita a fugir), Humbert escreve um texto confessional, destinado ao júri, mas ao invés de se ater exclusivamente ao crime de homicídio pelo qual estava preso, ele narra com riqueza de detalhes a história da sua vida, desde sua infância até o dia no qual conheceu Dolores, aliás, Lolita. A partir daí e até o fim do livro, narra a sua obsessão por Lolita até os mínimos detalhes. A riqueza de detalhes é tão grande que permite ao leitor ter um vislumbre tanto do quanto ele fazia Lolita sofrer, quanto do fato de ela jamais ter sucumbido à sua sedução; toda relação sexual era não consentida, portanto, um estupro. A despeito de todas as juras de amor e todas as tentativas de agradá-la, Lolita jamais retribuiu os mimos e presentes com alguma demonstração de afeto. Isso marca perfeitamente a sua dignidade; ela nunca o reconheceu seja como amante, seja como amigo. Como admite o próprio Humbert:

> (...) eu não era para ela um namorado, nem um homem sedutor, nem um amigo e nem sequer um ser humano, mas apenas dois olhos e um palmo de músculo intumescido - para mencionar apenas o que pode ser mencionado (NABOKOV, 2003, p. 287).

Certamente, qualquer leitor atento fica instigado com a leitura do começo ao fim do livro, entre outras razões, pela forma sofisticada com a qual Nabokov faz alusão aos atos eróticos. Não há ao longo do livro nenhuma descrição crua do ato sexual ou dos órgãos sexuais, nem o uso de palavras obscenas ou de baixo calão. As imagens usadas por Nabokov para aludir à realização do ato sexual exigem que o leitor preste muita atenção nos detalhes da escrita, pois, do contrário, perderá o entendimento da cena descrita. No posfácio de *Lolita,* afirma que "(...) *Lolita* não traz nenhuma moral a reboque. Para mim, um romance só existe na medida em que me proporciona o que chamarei grosso modo de volúpia estética". Nomeia essa volúpia estética como um estado de espírito relacionado a outros estados de espírito que possuem a arte como norma. Os predicados que ele utiliza para descrever esse estado de espírito são: curiosidade, ternura, bondade e êxtase.

A radiografia que Nabokov faz da personalidade do esnobe professor Humbert visa também mostrar que, a despeito de todo o seu conhecimento e requinte, ele não possuía o espírito artístico, uma vez que era incapaz de demonstrar curiosidade, muito menos ternura e bondade, por nada ou ninguém senão *sua* "Lolita". Seu relacionamento com todas as pessoas ao longo do livro é meramente utilitário ou interessado. Cada um é visto por ele apenas como um meio para que ele atinja o seu único objetivo na vida, possuir Lolita. A própria Lolita é descrita por ele como uma menina mimada e agressiva. Dedica pouca atenção ao longo da sua narrativa para pensar em como ela estaria se sentindo, suas dores e sofrimentos. Apenas em dois momentos ele abre espaço para os sentimentos dela. Primeiro, quando depois da primeira relação sexual, ele descreve como ela fica se contorcendo de dores. Depois, quando logo após a primeira transa ela pede para ligar para mãe e ele informa que ela havia morrido, ele a descreve como abalada e sozinha; ela não consegue dormir em seu quarto e busca aconchego em seus braços. Contudo, Humbert não é capaz de empatia, por isso não procura consolá-la, ao contrário, descreve, sem um pingo de dor na consciência, como aproveitou a oportunidade para transar com ela, leia-se, estuprá-la.

Humbert havia se casado com a mãe de Lolita para estar perto da ninfeta e, depois que a mãe morre atropelada, consegue o que de fato sempre quis, que Lolita ficasse completamente nas suas mãos. Ele em momento algum está interessado em saber se Lolita tem vontade ou não de satisfazer os seus desejos sexuais. Sem ter para onde ir, depende completamente dele e, por isso, é constrangida a atender às vontades de seu "padrasto", que assim acredita tê-la em suas mãos.

Como muito bem mostra Azar Nafisi, ao comparar a situação de Lolita à de todas as mulheres iranianas que foram obrigadas de uma hora para a outra a mudar seus hábitos, formas de se vestir e de se comportar quando o regime teocrático dos Aiatolás entrou em vigor no Irã, por mais autoritários, controladores e repressores que uma tirania e um tirano sejam, não conseguem atingir a intimidade dos pensamentos e da imaginação dos indivíduos a quem reprimem e controlam. Nabokov se vinga na triste e solitária figura de Humbert de todos os solipsistas que, por acharem que a imagem do mundo correta é exclusivamente a deles, são insensíveis aos desejos e fantasias de quaisquer outras pessoas que não as deles mesmos. Depois que descobre onde ela estava morando e a visita, mata o dramaturgo Claire Quilty por achar que este fosse o responsável pela situação de penúria na qual a encontrou. Mas, na verdade, mesmo morando em condições miseráveis, grávida de um pedreiro meio surdo, Lolita está em paz consigo mesma e, dentro do limite do possível, feliz em seu casamento, apesar de ter sido vítima de abuso sexual e psicológico durante dois anos. Humbert não consegue aceitar que ela possa estar feliz nessas circunstâncias, sem ele, seu dinheiro e luxo. Mas Dolores jamais cedeu às chantagens emocionais de Humbert e, no fundo, sempre preservou sua liberdade e dignidade de modo a não se transformar exatamente naquilo que ele queria que ela se transformasse.

Só conhecemos a Lolita de Humbert, não conhecemos Dolores, seus pensamentos, seus anseios e medos. Isso significa que, no fundo, Lolita só ganha vida por meio da sua "prisão". Humbert, o narrador da história de Lolita, está fisicamente preso, narrando a história de como aprisionou à sua vida como sua amante uma ninfeta de 12 anos durante dois anos. Penso que por viver ele mesmo na clausura, face a face com a ausência de liberdade física, foi capaz de compreender a "prisão" psíquica que impôs a Lolita com seu relacionamento forçado e, por isso, termina seu relato desejando que ela possa ser feliz ao lado de seu marido e filho.

Por mais que seja desejável e louvável que cada um de nós possa seguir seus projetos de vida idiossincráticos, a partir do momento que esse projeto significa o sofrimento de uma outra pessoa, ele se torna cruel.

Tanto Nabokov quanto Eliane Moraes sabem que há critérios que nos ajudam a identificar quando um romance erótico é artístico e quando é meramente comercial. Fica evidente para qualquer leitor atento o quanto Nabokov investiu de seu tempo e paciência na arquitetura detalhada do romance e na construção de imagens metafóricas com a linguagem. Esse trabalho requer dedicação, esforço e, é claro, talento. Um texto que não possui a mesma acuidade imagética, o mesmo apuro da linguagem, coloca o objetivo na frente do caminho. Se o objetivo é excitar o leitor e vender livros profusamente, então, não interessa investir tempo na "arquitetura" do romance. Romances eróticos, como os de Nabokov e de Hilst, não objetivam a vendagem e a pura excitação, ao contrário, a excitação vem acompanhada do aspecto reflexivo. Tais romances eróticos, na sua estrutura intrincada e na sua trama, atingem as exigências de apuro formal, inalcançáveis em livros de rápida absorção e alta vendagem.

7. IMAGINAÇÃO LITERÁRIA PORNOGRÁFICA

Em seu ensaio "A imaginação pornográfica" (1987), Susan Sontag condena o moralismo dos críticos literários norte-americanos que desconsideram o valor artístico de obras de conteúdo erótico, como os romances de Marquês de Sade e de Georges Bataille, sob a alegação de que uma obra de arte não pode provocar excitação sexual. Além disso, afirmam que os romances eróticos não possuem estruturas narrativas coerentes e que seus personagens não possuem densidade psicológica e social. Para Sontag, o ambiente cultural norte-americano, impregnado pelo "freudismo" e por uma cultura liberal, impede seu público de apreender uma visão complexa da sexualidade como a apresentada por romances como *Justine*, de Sade, ou a *História do Olho*, de Bataille. Afinal, como justificar uma personagem como Justine, que não aprende com suas experiências negativas e sempre torna a cair nas armadilhas dos libertinos?

A explicação de Sontag de porque a obra pornográfica desses dois autores pertence sim ao gênero artístico está construída em torno de dois eixos argumentativos: a semelhança entre o gênero literário artístico da pornografia e o gênero literário artístico da ficção científica; e por conta da passagem ocorrida no século XX de uma *estética do belo* para uma *estética do ultraje.*

Os críticos que afirmam que falta estrutura narrativa e densidade psicológica aos romances artísticos pornográficos estão, na verdade, pautando sua crítica a partir dos critérios dos romances realistas. Tais críticos avaliam a cena literária a partir de critérios como verossimilhança – ainda que, a rigor, os romances de maneira geral há muito já tenham abandonado o compromisso com características como verossimilhança, unidade psicológica centrada no protagonista ou ordem temporal restrita.

Para Sontag, o romance pornográfico artístico encontra-se mais próximo do gênero da ficção científica porque, assim como na ficção científica, na pornografia, são poucos os livros que atendem aos critérios realistas da literatura. Assim como na ficção científica, na literatura pornográfica artística o autor não está preso ao realismo e pode dar livre curso à imaginação, criando situações completamente inverossímeis. Desse modo, é possível traçar um paralelo entre a imaginação do escritor de ficção científica que imagina personagens dotados de poderes especiais, como de telepatia e de desmaterialização do corpo, e a imaginação do escritor de romance pornográfico que imagina amantes superdotados, capazes de proezas sexuais que nenhum mortal seria capaz de realizar.

Eliane Moraes (2013a) exemplifica bem esse caráter impraticável do imaginário pornográfico no libertino de Sade, quando pontua que

> antes de ir para uma orgia com 400 pessoas, ele toma de 50 a 100 garrafas de vinho e faz uma refeição de carne humana.

> Coisa que para qualquer um de nós, por mais atlético que você seja, não é praticável. Qualquer um de nós que tome dez garrafas de vinho vai para o coma alcoólico.

Para Sontag (1987), a imaginação pornográfica do autor convida o leitor a experimentar o insólito, situações e sensações as quais ele jamais teria a oportunidade de experimentar na vida real. A literatura pornográfica artística oferece ao leitor a possibilidade de experimentar estados extremos na imaginação. Para a autora, a experiência desses estados extremos é uma forma de conhecimento. Por outro lado, a experiência pornográfica literária é semelhante à religiosa, pois é também uma experiência de totalidade, seja porque a imaginação religiosa explica tudo a partir de uma só perspectiva, a religiosa, assim como a imaginação pornográfica faz tudo no seu romance girar em torno de um só tema, o sexo, seja porque, conforme, indica Georges Bataille, a experiência sexual pode ser equivalente a uma experiência religiosa, no sentido de propiciar uma ampliação da consciência até a perda do "eu".

> O universo proposto pela imaginação pornográfica é um universo total. Tem o poder de ingerir, metamorfosear e traduzir todas as preocupações com que é alimentado, convertendo tudo à única moeda negociável do imperativo erótico. Toda a ação é concebida como uma série de intercâmbios sexuais (SONTAG, 1987, p. 70).

A multiplicidade de formas de trocas e intercâmbios, a ausência de qualquer limitação, seja de tabus, ou de orientação sexual, ou de definição restritiva de comportamento de gênero, deriva da necessidade da imaginação pornográfica de conectar-se com tudo e todos desde um prisma exclusivamente sexual (SONTAG, 1987). A imaginação erótica é capaz de inventar cada vez mais formas de relacionamento. Somente na medida em que qualquer imposição de limites de combinação do intercambio sexual é suspensa, de modo que não exista qualquer censura quanto às maneiras de relacionamento sexual, é que a criatividade pornográfica pode se desenvolver.

A literatura pornográfica, como afirmam Sontag (1987) e Moraes (2013), é espaço privilegiado para vivenciarmos a experiência humana da transgressão tal qual descrita por Bataille em *O Erotismo*. Nesse sentido, não podemos, por exemplo, confundir a violência cósmica de Sade (MORAES, 2013a) com a violência ordinária do dia a dia. A primeira encontra-se no plano do impossível, a segunda é uma violência a ser combatida. Como diz Sontag, todo o conhecimento é perigoso e nem todas as pessoas estão na mesma condição de conhecedoras. Algumas pessoas psicologicamente frágeis podem usar a imaginação pornográfica como uma "muleta".

Enfim, é completamente equivocado querer censurar tais obras sob a alegação de que incitam comportamentos imorais e violentos. Em primeiro lugar, como acabamos de demonstrar, a impraticabilidade desses comportamentos faz com que sejam inimitáveis. Em segundo lugar, a experiência do imaginário pornográfico proporciona ao leitor uma forma do conhecimento de estados e situações extremas as quais ele, enquanto inserido na sociedade atual, jamais teria a oportunidade de experimentar, pois na vida real vigora o compromisso ético com o bem-estar geral e com a não-violência. Na experiência do imaginário pornográfico, o leitor realiza, de alguma forma, a suspenção do interdito do excesso, importante ao equilíbrio enérgico entre os instintos e pulsões primitivas e o mundo racional do trabalho (BATAILLE, 2013a).

O segundo eixo da argumentação de Sontag, contra os críticos literários norte-americanos que se recusam a considerar a possibilidade de algumas obras literárias pornográficas serem obras de arte, está na própria estética artística adotada por esses críticos, a *estética da contemplação e do belo*. Calcados em um modelo de arte espiritualizada, incorpórea, de acordo com o qual a obra de arte tem a capacidade de fazer o indivíduo ascender a uma esfera de sentimentos e formas puras, os críticos menosprezaram a arte pornográfica a quem acusam de provocar a luxúria, a lascívia, o desejo carnal, a excitação sexual no leitor. A compreensão de que a arte deve provocar sentimentos nobres implica na rejeição de qualquer obra que provoque reações físicas. Impossível, porém, sustentar tal posição à luz do caráter corpóreo das nossas emoções. A empatia despertada pelo sofrimento de um personagem provoca reações físicas nos leitores. Além disso, como bem mostra Arthur Danto (2003), a estética do século XX, marcada pela experiência das duas guerras mundiais, não concebe mais a arte como o espaço do belo, mas sim como o espaço das experiências de desconforto, de incômodo, pois é um espaço que serve para tirar o indivíduo da sua letargia e deslocá-lo de sua zona de conforto e de acomodação. Eliane Moraes também mostra que a grande estratégia de escritores como Sade e Bataille, entre muitos outros, é mesclar o estilo sofisticado da literatura erudita e nobre com temas considerados vis: a sexualidade, a linguagem de baixo calão, os tabus sexuais (2013a). Assim, quando os personagens de Sade discutem filosofia e tecem longas reflexões filosóficas sobre a natureza humana durante uma orgia sexual, efetuam uma fratura na estrutura dicotômica que separa corpo e alma, transcendência e imanência, o nobre e o vil. Esse é o verdadeiro choque que só uma literatura pornográfica artística, não comprometida com a indústria cultural, pode provocar no leitor, a mistura de temas considerados incompatíveis: a metafísica e a orgia, a linguagem poética apurada com palavras chulas, o ultrajante e o nobre.

Passadas quase duas décadas do lançamento do ensaio de Sontag (1987), o crítico literário norte-americano Roger Shattuck insistia em seu livro *Conhecimento Proibido* (1998) que a literatura de Sade deveria ser censurada, pois representava uma mercadoria social problemática, um sintoma patológico. A rigor, entretanto, qualquer conhecimento, mesmo o aparentemente mais neutro, como o tratado científico, pode ser destrutivo. Nesse sentido, é possível acrescentar, de acordo com Sontag, que "sem uma preparação psíquica sutil e extensa, qualquer ampliação de experiência e de conhecimento seja destrutiva para a maior parte das pessoas" (1987, p. 75). A pornografia como gênero literário, debatida na "privacidade do diálogo intelectual autêntico" (SONTAG, 1987, p. 41), nada tem de perigoso em si mesma.

A obra de Sade é analisada na segunda parte do livro *O Erotismo*, de Bataille. Para o autor francês, as libertinagens dos personagens de Sade não são propostas de ação, mas exercícios da imaginação criadora. O fato de Sade ter querido comunicar suas propostas libertinas é um indício, diz Bataille, de que não estava alheio ao papel importante da regulação, neste caso, a escrita e a comunicação. Importa deixar claro, que a imaginação do poeta não conhece limites na literatura erótica, mas isso não significa confundir os limites entre o real e o ficcional. Essa é uma separação ontológica fundante. Por mais que possa haver uma semelhança entre o objeto de arte, o livro, o quadro, o filme e o real, tratam-se de duas coisas bastante distintas. O que caracteriza o universo do objeto de arte é uma relação específica com o possível e não com o já provado e existente.

Na arte, não há limite para o possível. Como diz Eliane Moraes, a propósito de Sade,

> o sujeito, na obra de Sade, não é o que o homem é, mas o que o homem não é. Como a gente pode pensar um mundo em que todas, todas, todas as proibições estejam suspensas? Esse mundo não existe. Então é uma passagem pra fantasia num regime absolutamente integral (2013a).

Os protagonistas das literaturas eróticas são déspotas, pois só reconhecem *o seu* direito à satisfação de suas fantasias e desejos e pouco se importam com os outros. Através do protagonista da cena e de suas ações, o autor impõe a trama de desejo que corresponde à sua fantasia "secreta", pessoal. Não está interessado em limitar, corrigir, adequar a sua fantasia a princípios políticos, morais ou identitários, mas sim fazer uso ao máximo de sua liberdade criadora.

8. SAFO E A DINÂMICA PARADOXAL DO DESEJO ERÓTICO

Aristóteles inicia o capítulo 11 do livro I da *Retórica* afirmando que o prazer (*hêdonê*) é uma forma de movimento (*kinêsis*) da alma [*Ret.* 1369b 1]. Anteriormente, Sócrates havia afirmado que desejamos aquilo que nos falta. E complementarmente, Aristóteles pondera que a falta, a ausência, provoca o desejo pelo ausente: quem sente sede, deseja água, e esse desejo faz ir à busca de um copo de água, mas, por outro lado, a imaginação (*phantasia*) de um copo de água já é em si uma forma de percepção que provoca prazer.

Esse último "movimento" não leva à ação concreta, mas à ação imaginativa, é o movimento do desejo. O desejo provocado por *Eros*, como os desejos provocados por necessidades fisiológicas, mexe com o movimento imaginativo da alma em torno do binômio "falta - preenchimento", mas, ao contrário do segundo, o desejo erótico não quer no fundo ser preenchido, concretizado. Por um lado, o desejo erótico está calcado na idealização da imaginação - e como entre o ideal e o real há um fosso, a conquista do objeto amoroso pode significar o fim do desejo -, por isso é comum no jargão psicanalítico se dizer que a pessoa que se deseja não existe fora da nossa fantasia. O real jamais chega aos pés do ideal, por esse motivo não se pode eliminar a tensão do desejo erótico da mesma forma que uma tensão fisiológica como a sede, porque não é possível preencher completamente essa falta, essa ausência do ser amado. A imaginação do amante o leva a desejar o ser amado, mas o prazer conduz à idealização, à cristalização do ser amado distante em uma figura perfeita.

Sobre essa busca e idealização do desejo, no filme *A Última Noite de Boris Gruschenko* (1975), de Woody Allen, a personagem interpretada por Diane Keaton, Sonja, explica o sentido do amor para sua prima, uma esposa em crise de casamento, da seguinte forma:

> Amar é sofrer. Para evitar o sofrimento, não se deve amar, mas, então, se sofrerá por não estar amando. Assim, amar é sofrer, não amar é sofrer, sofrer é sofrer. Ser feliz é amar. Ser feliz, então, é sofrer. Sofrer nos torna infelizes. Assim, para ser infeliz, se deve amar, ou amar sofrer, ou sofrer de muita felicidade.

Ao final dessa fala, Sonja pergunta a sua prima se ela está anotando o que ela está falando, e a prima diz "quero o divórcio". Apesar da comédia ser um gênero considerado debochado e não sério, essa fala expressa bem o paradoxo do amor e da paixão: sofremos quando amamos, portanto, se precisamos amar para sermos felizes, precisamos também sofrer, isto é, sermos infelizes.

Quanto mais perto, presente ele/ela estiver, mais a idealização perde sua força e a falta desejante se esvai. Por isso, Safo chamava o desejo erótico de "doceamargo" (*glukupikron*): ele se sustenta na ausência (CARSON, 2003). A dinâmica do desejo implica a falta, pois não se deseja o que já se tem, de modo que o desejo instaura uma situação paradoxal, sua razão de ser implica um não-ser.

Os bibliotecários de Alexandria teriam compilado nove livros de poemas da poeta grega Safo, dos quais somente o primeiro continha 1.320 estrofes (o que equivaleria a cerca de 330 estrofes sáficas), dispostas em cerca de 70 poemas. Toda essa enorme produção foi perdida. Dela, restaram apenas um único poema na íntegra - o *Ode a Afrodite* (Frag. 1) -, e cerca de 200 fragmentos (CORRÊA, 2005).

Os fragmentos da poesia lírica de Safo descrevem, em sua grande parte, cenas de relacionamentos amorosos, mas o fragmento 31 é o mais conhecido e celebrado. Ele nos chegou integralmente graças ao filósofo e crítico literário romano Dionísio Longino (I d. C.), que o reproduziu em sua obra *Sobre o Sublime*. Nesse fragmento, Safo descreve através de metáforas as mudanças físicas que acometem aquele que se apaixona e que deseja o/a amada/o. Esse apaixonar-se e desejar é descrito como obra de Eros. Safo dedica-se a descrever o momento do acontecimento do sentimento da paixão, como ela ocorre mental e emocionalmente no amante. O desejo erótico é paradoxal, por isso, nas palavras de Safo, ele é *agridoce*: "Eis que Amor (*Eros*) solta-membro estremece-me// agridoce (*glukupikron*) intratável reptílico" (SAFO, fr. 129. 2017). Por não haver uma expressão correspondente em inglês ou em português para *glukupikron* que originalmente seria "doceamargo", o tradutor brasileiro do fragmento optou pelo uso do termo *agridoce*. Essa opção não altera o sentido, uma vez que no original "doceamargo" não descreve uma sucessão. Se assim o fosse, poderia levar o leitor a pensar que com esse adjetivo composto a poeta estivesse sintetizando dois momentos distintos do processo da paixão, por exemplo, primeiro a doçura da paixão, depois o amargor do fim, da separação. Mas, na verdade, como mostra Carson (2003), *doceamargo* (*bittersweet*, em sua tradução) descreve uma *simultaneidade* de sentimentos. O desejo erótico é *ao mesmo tempo* doce e amargo, por isso tanto faz se utilizarmos na tradução o termo vernacular *agridoce* ou optarmos pelo neologismo *doceamargo*.

Eros, representação do desejo erótico, é também representação da falta. O amante apaixonado deseja aquilo que está distante, fora de si, não o que está perto, acessível. O desejo se caracteriza, portanto, por essa tensão física entre a antecipação do prazer erótico na imaginação (o lado doce) e o amargor da distância, da falta, da ausência do sujeito amado (o lado amargo). Cabe salientar, que essa falta e ausência que dá o sabor amargo do desejo é constitutiva do mesmo, pois é a distância/ausência/falta que produz o sabor doce da fantasia erótica: ninguém deseja o que já possui, pois aquilo que se possui não se deseja.

Em seu famoso fragmento 30, a poeta Safo ilustra essa sensação doceamarga do apaixonado através da descrição dos diferentes estados físico-psicológicos pelos quais passa o/a narrador/a apaixonado/a do poema ao observar à distância a amada.

Igual aos deuses esse homem
me parece: diante de ti
sentado, e tão próximo, ouve
a doçura da tua voz,
e o teu riso claro e solto. Pobre
de mim: o coração me bate
de assustado. Num ápice te vejo
e a voz se me vai;

a língua paralisa; um arrepio
de fogo, fugaz e fino
corre-me a carne; enevoados
os olhos; tontos os ouvidos.

O suor me toma, um tremor
me prende. Mais verde sou
do que uma erva – e de mim
não me parece a morte distante
(SAFO, Frag. 30., 1992)

A grande novidade desse poema é a presença de uma terceira pessoa, o namorado ou amigo da amada. Safo consegue, assim, ao triangular a cena, amplificar a sensação *doceamarga* do/da apaixonado/a. Ele/ela tanto fala sobre seu estado nervoso (amargo), quanto através da inveja pela proximidade do namorado/amigo à amada, fala da doçura que seria estar ao seu lado. O eu lírico projeta no indivíduo que está próximo da pessoa amada o seu eu ideal, porque ele está no lugar que gostaria de estar ocupando. Mas, no fundo, essa idealização é apenas retórica, pois fica implícito que a proximidade com a amada quebraria o encanto.

Imobilidade, paralisia, coração acelerado, suor, tremor, susto, são os estados fisiológicos da apaixonada. Ela sente literalmente desfalecer-se diante da outra desejada e distante. O grande paradoxo de *Eros* é que ele se esvai na presença e só se sustenta na ausência, ou seja, ele é a própria representação da *falta*. Enquanto houver a falta, a ausência, a distância, haverá o desejo. Se a falta for preenchida, isto é, se o sujeito desejante alcança o sujeito desejado, *Eros*, a falta, se esvai. Por isso, a força erótica das cartas apaixonadas dos amantes separados, das canções dos trovadores distantes de suas donzelas. O desejo erótico é caracterizado por uma presença ausente. Na medida, portanto, que ele se caracteriza tanto por uma doçura, isto é, pelo prazer da imaginação acerca da presença idealizada do amado/amada, quanto por um sofrimento, o reconhecimento da falta e seus transtornos fisiológicos, pode-se dizer que a paixão é tanto amada, desejada, quanto odiada. Mais uma vez uma contradição. O reconhecimento da falta implica no reconhecimento da não completude do apaixonado, ele/ela não se basta a si, não é completo em si mesmo. A dor da falta é a dor da impossibilidade de ultrapassar a fronteira do ego, que então passa a ser visto como um empecilho. Sabe a poeta que canta a dor da paixão que não há união total; jamais dois corpos irão se fundir em perfeição, pois cada qual carrega em si uma falta que jamais pode ser definitivamente preenchida. Muito pelo contrário, a tentativa de preenchimento acaba em frustração. O aspecto típico de inalcançável do desejo é exemplificado por Safo na metáfora da maçã que não foi colhida:

> No alto do ramo,
> alta no ramo mais alto,
> uma tão rosa maçã:
> esqueceram-na os apanhadores
> de fruta. Esqueceram-na?
> Não! Mãos não tiveram
> Para colher. (Não foram capazes de alcançar)
> (SAFO, 1992, p. 95)

À GUISA DE CONCLUSÃO

Como Freud (1856-1939) mostra em sua obra, o desejo erótico tem um papel preponderante na vida humana e envolve o ser humano desde a mais tenra idade. Quando adulto, o impulso sexual é sublimado em direção a outros *desejos civilizatórios*, como a invenção, a arte, a cultura, a ciência. Em todos os *desejos civilizatórios* a economia do desejo erótico, a libido, está presente de forma "disfarçada", diria Freud (1997). A imaginação, nossa capacidade de produção simbólica, possui uma participação fundamental no redirecionamento da libido para outras esferas da cultura. A capacidade única do ser humano de simbolizar lhe permite ampliar o alcance do desejo erótico, redirecionando-o de diversas formas, na publicidade, nas artes plásticas, na literatura. Na publicidade, o desejo erótico do consumidor é redirecionado de modo subliminar pelo publicitário para o objeto de consumo. Assim, por exemplo, as não tão antigas propagandas de carros invariavelmente associavam a compra do carro à "aquisição" do objeto de desejo do homem heterossexual, a "mulher gostosona".

As artes plásticas formam o *locus classicus* para as múltiplas formas de representação voyerista do objeto do desejo, pois, nelas, o corpo humano nu é constantemente representado sob diversos enfoques e diretrizes. Lembremos das obras de Rodin e Botero, de Ismael Nery e Colbert, entre inúmeros outros, de diversas partes do mundo e diversas épocas. Na literatura e na poesia, o erotismo é um componente importante da narrativa e do verso. Lembremos aqui, para citar apenas alguns poucos nomes, as poesias de Safo e Catulo no mundo antigo, os romances de Henry Miller, Anais Nin, Zoé Valdez, Gabriel García Marquez, Mario Vargas Llosa, no mundo contemporâneo. Na filosofia, o diálogo de Platão *O Banquete* é todo dedicado à apresentação das diversas interpretações das causas da atração amorosa.

Na cultura judaico-cristã o indivíduo é dividido em alma e corpo. O corpo seria o lugar da danação enquanto a alma o lugar da salvação. Por isso, o amor é divido entre o profano e o divino. Tudo aquilo que tiver relação com sexualidade que não seja a função reprodutiva é considerado pecado. O desejo erótico, dessa forma, passa a ser condenado. A mulher era considerada um ser profundamente sexualizado, isto é, mais carnal do que espiritual, por isso cerca de 100 mil mulheres foram mortas na Europa durante a inquisição, que durou do século XIV ao XVIII, sob a acusação de feitiçaria e pacto com o demônio. Nos tribunais de inquisição das sociedades teocráticas, os crimes contra a religião oficial eram considerados crimes políticos. Realizou-se entre a massa camponesa um verdadeiro expurgo de mulheres a fim de, com a demonstração de força e violência, atingir a desejada centralização do poder feudal nas mãos do monarca. Enquanto na Europa as mulheres eram queimadas vivas em razão dos "poderes maléficos" de sua sexualidade sobre a "ordem" social, na Índia, alguns séculos antes, era escrito o *Kama Sutra*.

No mundo oriental, a sexualidade é um componente da boa saúde. Alma e corpo não estão cindidos, ao contrário, a satisfação do corpo leva à satisfação do espírito. O prazer não deve provocar culpa, mas sim a "iluminação". O *Kama Sutra* foi escrito entre os séculos II e V a.C por Mallanaga Vatsyayana em Sânscrito. Apesar de não ser uma obra de cunho religioso, mas sim uma espécie de manual para o bom relacionamento entre um homem e uma mulher, o texto traz referências a elementos tântricos. O tantrismo é a prática de meditação iogue na relação sexual. Segundo o tantrismo, fazendo uso das técnicas de controle da respiração da ioga durante o intercurso sexual e eliminando todos os pensamentos da mente, o casal atingiria a energia cósmica, *Schakti*.

A visão religiosa do sexo como "pecado" criou na sociedade ocidental uma série de tabus com relação à sexualidade e ao erotismo. Assim, até hoje, o modelo de relacionamento monogâmico e heterossexual domina nossa visão do que deveria ser considerado o casamento "normal". O patriarcado, entretanto, foi obrigado a reconhecer o movimento emancipatório das mulheres. A partir da libertação sexual das mulheres e o intenso ativismo LGBTQIA+, a sociedade ocidental vai aos poucos aceitando a natureza erótica do desejo sexual e sua diversidade de expressão.

Deve-se salientar, entretanto, que na era do capitalismo farmacopornográfico, o lucro do capitalista, seu capital, é sexual, porque agora o que impulsiona o consumo (e consequentemente o capital/lucro do capitalista) é a vontade de prazer. A produção de desejo é manipulada pelas tecnociências e mídias globais (PRECIADO, 2018).

REFERÊNCIAS

ARISTÓTELES. *Poética*. Trad. Eudoro de Souza. Lisboa: Casa da Moeda, 2010.

ARISTÓTLES. *On Rhetoric*. Trad. George Kennedy. Oxford: Oxford University Press, 1991.

ATWOOD, Margaret. *O conto da aia*. Trad. Ana Deiró. Rio de Janeiro: Editora Rocco, 2017.

BATAILLE, Georges. *O Erotismo*. Trad. Fernando Scheibe. Belo Horizonte: Autêntica, 2013a.

BATAILLE, Georges. *Theory of Religion*. Trad. Robert Hurley. Nova Iorque: Zone Books, 1992.

BATAILLE, Georges. *A parte maldita. Precedida de "A noção de dispêndio"*. Trad. Júlio Castañon Guimarães. Belo Horizonte: Autêntica, 2013.

BATAILLE, Georges. *História do olho*. Trad. Eliane R. Moraes. São Paulo: Cosac & Naify, 2003.

BATAILLE, Georges. "A experiência interior". *In:* ___________. *A Experiência interior – seguida de Método de Meditação e Postscriptum 1953: Summa ateológica, vol 1*. Trad. Fernando Sheibe. Belo Horizonte: Autêntica, 2016.

BERNINI, Lorenzo. "Macho e Fêmea Deus os criou !? A sabotagem transmodernista do sistema binário". Trad. Ayres Marques Pinto e Gigliola Capodaglio. *Bagoas*, vol. 5, n. 6., jan./ jun., 2011. pp. 15-47.

BUTLER, Judith. *The Psychic Life of Power*. Stanford: Stanford University Press, 1997.

CARROLL, Noël. *The Philosophy of Horror or Paradoxes of the Heart*. Nova Iorque: Londres, Routledge, 1990.

CARROLL, Noël. *Beyond Aesthetics*. Cambridge: Cambridge University Press, 2001.

CARSON, Anne. *Eros – the bittersweet*. Londres: Dalkey Archice Press, 2003.

CORRÊA, Paula da Cunha. "Prefácio". *In*: RAGUSA, Giuliana. *Fragmentos de uma deusa – A representação de Afrodite na Lírica de Safo*. Campinas: Editora da Unicamp, 2005.

CASTRO, Susana de. "Ecos dos festejos báquicos no carnaval brasileiro". *In*: SILVEIRA, Ronie A. Teles da (org.). *O Carnaval e a filosofia*. Porto Alegre: editora Fi, 2016.

DALL'AGNOL, Darlei. "CRISPR e os limites éticos da edição genômica". In: OLIVEIRA, Nythamar de et al. (org.). *Bioética, neuroética, emoções*. Porto Alegre: Editora Fundação Fênix, 2019.

DANTO, Arthur. *The Abuse of Beauty, aesthetics and the concept of art*. Chicago: Open Court, 2003.

DESPENTES, Virginie. *Teoria King Kong*. Trad. Márcia Bechara. São Paulo: n-1 edições, 2016.

DÍAZ-BENÍTEZ, María Elvira. *Nas Redes do sexo – Os bastidores do pornô brasileiro*. Rio de Janeiro: Zahar, 2010.

ENCYCLOPÆDIA BRITANNICA, *Online*, Encyclopædia Britannica, inc.,2020. Disponível em <https://www.britannica.com/topic/Carnival-pre-Lent-festival>. Acesso em: 07 jul. 2020.

FOLHA de São Paulo. "'Baise-moi' é proibido na França". Folha de São Paulo. 4 jul. 2000. Disponível em: <https://www1.folha.uol.com.br/fsp/ilustrad/fq0407200023.htm>. Acesso em: 23 mai. 2022.

FOUCAULT, Michel. *Em defesa da sociedade*. Trad. Maria Ermantina de Almeida Prado Galvão. São Paulo: WMF Martins Fontes, 2018.

FOUCAULT, Michel. *Os anormais*. Trad. Eduardo Brandão. São Paulo: Martins Fontes, 2010.

FOUCAULT, Michel. *História da Sexualidade. Vol 1: A vontade de Saber*. Trad. Maria Thereza da Costa Albuquerque e J. A. Guilhon Albuquerque. Rio de Janeiro: Graal, 2011.

FOUCAULT, Michel. *Segurança, território, população: Curso dado no Collège de France (1977-1978)*. São Paulo: Martins Fontes, 2008.

FOUCAULT, Michel. *Herculine Berbin: o diário de um hermafrodita.* Rio de Janeiro: Francisco Alves, 1982.

FREUD, Sigmund. "Além do Princípio do Prazer". *In*: FREUD, Sigmund. *Obras Completas Vol 14.* Trad. Paulo Cesár de Souza. São Paulo: Companhia das Letras, 2010.

FREUD, Sigmund. *O Mal-Estar da Civilização.* Trad. José Octávio de Aguiar Abreu. Rio de Janeiro: Imago, 1997.

GARBER, Marjorie. *Vice-versa – bissexualidade e erotismo na vida cotidiana.* Trad. Ivanir Calado. Rio de Janeiro: Record, 1997.

HILST, Hilda. "O Caderno Rosa de Lora Lamby". *In:* ____________. *Pornochic.* São Paulo, Editora Globo, 2014.

HUXLEY, Aldous. *Brave New World.* Londres: Penguin, 1967.

ILLERHAG, Erik. *Life or Death: Biopower and Racism in Huxley's Brave New World* (Dissertação). Gävle: Universidade de Gävle, 2018. Disponível em <http://urn.kb.se/resolve?urn=urn:nbn:se:hig:diva-26762.>. Acesso em: 23 mai. 2022.

ILUSTRÍSSIMA CONVERSA: Medo move a censura da arte. Locução de Walter Porto. Entrevistada: Eliane Robert Moraes. Folha, 25 jan. 2020. Podcast. Disponível em <https://www1.folha.uol.com.br/ilustrissima/2020/01/medo-move-censura-ao-sexo-na-arte-diz-eliane-robert-moraes.shtml>. Acesso em: 07 jul. 2020.

LÉVI-STRAUSS, Claude. *As estruturas elementares de parentesco.* Trad. Mariano Ferreira. Petrópolis: Editora Vozes, 2010.

LONGINO. *Do Sublime.* Trad. Filomena Hirata. São Paulo: Martins Fontes, 1996.

MORAES, Eliane Robert. "Traços de Eros". *In*: BATAILLE, G. *O Erotismo.* Trad. Fernando Scheibe. Belo Horizonte: Autêntica, 2013.

MORAES, Eliane Robert. "O excesso do excesso". Prefácio. *In*: LEITE Jr., Jorge. *Das Maravilhas e Prodígios Sexuais, a pornografia bizarra como entretenimento.* São Paulo: Annablume, 2006.

MORAES, Eliane Robert. "Erotismo é criação". Entrevista. Revista *Geni*, N. 2., *Online*, 2013a. Disponível em <https://revistageni.org/08/erotismo-e-criacao/>. Acesso em: 07 jul. 2014.

MORAES, Eliane Robert. "35 livros para uma biblioteca erótica". Revista *Geni*, N. 2., *Online*, 2013a. Disponível em <https://revistageni.org/08/erotismo-e-criacao/>. Acesso em: 07 jul. 2014.

MORAES, Eliane Robert. "Um olhar sem rosto". *In*: BATAILLE, Georges. *História do olho*. Trad. Eliane R. Moraes. São Paulo: Cosac & Naify, 2003.

MORAES, Eliane Robert; LAPEIZ, Sandra M. *O que é Pornografia?* São Paulo: Brasiliense, 1984.

NABOKOV, Vladimir. *Lolita*. Trad. Jorge Dauster. Rio de Janeiro: O Globo, 2003.

NAFISI, Azar. *Lendo Lolita em Teerã – memórias de uma resistência literária*. Trad. Fernando Esteves. Rio de Janeiro: BestBolso, 2009.

NEWALL, Michael. "An Aesthetics of Transgressive Pornography". *In*: MAES, Hans R.V.; LEVINSON, Jerrold (eds). *Art and Pornography: Philosophical Essays*. Oxford: Oxford University Press, 2012, pp. 206-228.

PAIM, Camile Cotta. *O caderno Rosa de Lora Lamby: a crítica, a obscenidade e a provocação em Hilda Hilst*. Dissertação (mestrado) - Escola de Comunicação, Universidade Federal do Rio de Janeiro, Rio de Janeiro, 2014.

PRECIADO, Paul Beatriz. *Pornotopia*. Barcelona: Anagrama, 2010.

PRECIADO, Paul Beatriz. *Testo Junkie – sexo, drogas e biopolítica na era farmacopornográfica*. Trad. Maria Paula Gurgel Ribeiro. São Paulo: n-1 edições, 2018.

PRECIADO, Beatriz Paul. *Manifesto contrassexual*. Trad. Maria Paula Gurgel Ribeiro. São Paulo: n -1 edições, 2014.

RUBIN, Gayle. "Pensando o sexo". *In:* _________. *Políticas do sexo*. Trad. Jamille Pinheiro Dias. São Paulo: Ubu editora, 2017.

SAFO. *Safo de Lesbos*. Trad. Pedro Alvim. São Paulo: Ars Poetica, 1992.

SAFO. *Fragmentos Completos*. Trad. Guilherme Gontijo Flores. São Paulo: Editora 34, 2017.

SHATTUCK, Roger. *Conhecimento Proibido*. Trad. S. Duarte. São Paulo: Companhia das Letras, 1998.

SONTAG, Susan. "A imaginação pornográfica". *In:* ____________. *A vontade radical*. Trad. João Roberto Martins Filho. São Paulo: Companhia das Letras, 1987.